W0372613

RAÏSSA GORBATCHEV

L'inconnue du Kremlin

URDA JÜRGENS

RAÏSSA GORBATCHEV

L'inconnue du Kremlin

Traduit de l'allemand par Frank Straschitz

ÉDITIONS ROBERT LAFFONT
PARIS

Titre original : RAÏSSA GORBATSCHOWA
© Econ Verlag GmbH, Düsseldorf, Wien et New York, 1990
Traduction française : Éditions Robert Laffont, S.A., Paris, 1990

ISBN 2-221-06846-7
(édition originale :
ISBN 3-430-15139-2, Düsseldorf, Wien, New York)

1.

Une enfance austère

C'était leur premier enfant. Ils l'appelaient Raïa. Sur les registres du comité de la ville de Vessolaïarsk, à la date du 5 janvier 1932, est enregistrée la naissance de Raïssa Maximovna Titarenko, fille de Maxime Titarenko, employé des chemins de fer, et de son épouse Schura Paradina. Les Russes adorent les surnoms et diminutifs affectueux. Maria devient Maïa ou Marouchka, Mikhaïl devient Mischa, et Raïssa... Raïa. Le prénom « officiel » est rarement utilisé, sauf si l'on a des raisons de se plaindre de celui ou de celle qui le porte. Il y a en Russie des gens que l'on n'a, jusqu au jour de leur mort, jamais appelés par leur vrai prénom.

Les parents de Schura Paradina — les grands-parents de Raïa — tenaient à Vessolaïarsk, petite ville de sept mille habitants, une modeste boutique où l'on pouvait acheter ce que l'on trouvait à l'époque. Ce n'était pas grand-chose, mais cela permettait à la famille Paradina de vivre tant bien que mal. Schura avait dix-huit ans lorsqu'elle fit la connaissance de Maxime Titarenko ; Maxime, de huit ans son aîné, était originaire de Tichemilov, en Ukraine. Le jeune homme avait abouti dans la région, à la petite gare de Lokhot ; il travaillait également aux ateliers de construction ferroviaire de Rider, l'actuelle Leninogorsk.

Schura lui plut : une jeune fille gaie et solide, qui avait les pieds sur terre. Ils semblaient faits pour s'entendre. Aux noces de Maxime et Schura, il y eut des larmes et des serments ; l'on se jura de ne jamais se quitter. Le luxe était absent, certes, mais pas l'amour, ni sans doute la confiance.

Schura ne tarda pas à être enceinte. La joie est grande, mais il s'y mêle de l'inquiétude. A Vessolaïarsk, il n'y a pas d'hôpital, pas même une sage-femme. Comme tous les pères qui attendent l'arrivée d'un premier enfant, Maxime est sur les nerfs. Il ne veut courir aucun risque. L'hiver est froid — nous sommes en janvier — et la neige est profonde.

La ville la plus proche, c'est Roubzovsk, à une trentaine de kilomètres. Ils y trouveront un hôpital, c'est-à-dire la sécurité. Maxime attelle la voiture et y emmène sa femme. Schura est chaudement enveloppée dans des couvertures ; tout de même... trente kilomètres dans le froid et la glace, pour une femme enceinte de neuf mois, ce ne fut certainement pas une partie de plaisir.

Mais les gens d'ici sont solides. Le paysage, le climat, la vie les ont endurcis. Et une naissance, c'est la plus grande joie. La petite Raïssa est une enfant saine et robuste, aux yeux marron ; plus tard, elle aura une abondante chevelure brune aux reflets roux, dont elle fera des tresses qu'elle ramènera en couronne sur sa tête ; les garçons seront fous d'elle, et, après la danse, elle se fera sagement reconduire par son frère... mais cela, c'est plus tard, bien plus tard. Pour l'instant, Schura, qui a maintenant dix-neuf ans, et sa fille — ce petit paquet qu'elle tient dans les bras — rentrent à Vessolaïarsk dans la carriole.

Raïa est née à la bonne saison : bientôt, ce sera le printemps, puis l'été ; c'est, dit-on, une garantie de santé. Les maisons basses semblent rendre le paysage encore plus immense. Le ciel change sans cesse. Tantôt, la couche nuageuse touche presque les toits ; tantôt, l'immensité bleue écrase les minuscules cubes de bois. Vessolaïarsk est une modeste bourgade perdue dans l'Altaï, chaîne de montagnes qui constitue la frontière entre l'Europe et l'Asie. A peine mille kilomètres la séparent de la Chine ou de la Mongolie. Ici, les peuples commencent à se mélanger ; la langue et la culture ne sont pas les mêmes qu'à Moscou, la capitale « européenne ». Il serait tout aussi exact de dire que Vessolaïarsk est située à l'ouest de la Sibérie. Dans ces étendues sans fin, dans la taïga, ces immenses forêts qui bordent la toundra, et dans cette steppe glacée elle-même, l'on trouve aujourd'hui encore une nature vierge, en dépit des empiétements croissants de l'homme. Pourtant, dès l'époque des tsars, ce pays était synonyme de mort. Ils l'appelaient leur « plus grande prison », et il continua à servir de prison aux gouvernements successifs, en particulier sous Staline. En Russie, la déportation était le lot des opposants au régime en place, et de quiconque avait eu le malheur de déplaire aux puissants. Les Sibériens, eux, disent que c'est un pays pour les « hors cadre », pour ceux qui ont pu échapper à l'emprise du Parti. Il apporte la liberté ou la mort — c'est selon.

A Vessolaïarsk, tandis que Raïssa grandit, deux hivers passent, et deux étés. Les journées de son père, qui est souvent en déplacement, sont longues, mais son métier comporte quelques privilèges. Dans la gigantesque Russie, le chemin de fer exerce un rôle vital : comment couvrir autrement ces immenses distances ? Si le trafic ferroviaire est interrompu, la société soviétique tout entière s'effondre. Les dirigeants du pays en avaient très tôt pris conscience. Et, par rapport aux autres professions, les cadres et employés du chemin de fer jouissaient d'un statut social fort enviable. L'ingénieur des chemins de fer était tenu en haute estime par l'intelligentsia, et le simple cheminot appartenait à la couche la plus privilégiée de la classe ouvrière. Les salaires des ouvriers et employés étaient supérieurs à la moyenne; ils furent parmi les premiers à avoir droit à des congés payés et, avec les fonctionnaires, à bénéficier d'une retraite. De surcroît, les cheminots avaient un uniforme, ce qui les distinguait du reste de la classe ouvrière et leur évitait la pénible quête de vêtements, problème qui est aujourd'hui encore d'actualité en U.R.S.S. L'État mettait de surcroît à leur disposition de petites maisons en bois, simples et dénuées, certes, de ce que nous appelons le « confort moderne », mais c'était l'assurance d'avoir un toit.

Bien entendu, la famille Titarenko bénéficiait elle aussi de ces avantages. Mais les inconvénients du métier de cheminot ne lui étaient pas épargnés. Maxime devait aller travailler là où il était nommé. A l'époque des tsars déjà, les transports revêtaient une importance stratégique : même en temps de paix, le cheminot devait se soumettre à une discipline quasi militaire. Sa carrière, ses postes successifs étaient dictés par les exigences du Plan. Il ne pouvait espérer s'établir de façon permanente dans une région. Cette éternelle précarité était le prix des privilèges matériels.

En 1934, alors que la petite Raïssa a tout juste deux ans, son frère Ievgueni vient au monde — et la famille Titarenko doit déménager. Maxime vient d'être nommé à Tchernilov, en Ukraine. Ce n'est pas le village d'à côté, et l'on ne peut pas prendre la carriole, comme pour aller à Roubzovsk. Tchernilov se trouve en effet à quelque trois mille kilomètres de Vessolaïarsk, distance qui séparera désormais Raïssa et Ievgueni de leurs grands-parents, et Schura de sa mère. Les adieux furent difficiles, mais il fallait se résigner.

Les Titarenko eurent beaucoup de mal à s'habituer à leur nouvelle existence. Schura, qui n'avait pas abandonné son travail de contrôleuse aux chemins de fer, n'avait plus la possibilité de faire garder ses enfants par les grands-parents. Son mari gagnait alors environ 750 à 800 roubles par mois, un assez bon salaire pour l'époque, mais qui ne représentait guère plus que le minimum vital. Cela suffisait à acheter les aliments de base, et peut-être une petite bouteille de vodka, qui coûtait bien moins cher que maintenant. Mais rien de plus. Les Titarenko avaient deux enfants : Schura continua à travailler, partageant ses journées entre son emploi et sa famille.

Cette relative quiétude ne dura pas. Vinrent les années du silence, du désespoir et de la peur quotidienne. Le stalinisme montrait sa véritable nature. En 1935, Maxime Titarenko fut condamné et envoyé dans un des nombreux camps créés par Staline, dont le réseau enserrait le pays entier. Dans un silence de mort, des vagues d'arrestations et de condamnations déferlaient sur l'U.R.S.S., accompagnées de simulacres de procès. Le G.P.U. (la police secrète soviétique) arrêtait quiconque critiquait le régime totalitaire; il suffisait d'être soupçonné de s'écarter, même en pensée, de la ligne du Parti. Au milieu des années trente, quelque 16 millions d'hommes et de femmes se consumaient dans les camps staliniens.

Le « crime » de Maxime Titarenko? Au cours de discussions avec des camarades de travail, il avait critiqué les terribles conséquences de la collectivisation forcée des terres. Une dénonciation avait scellé son sort. En 1939, enfin libéré du camp de Soloweski, il put retrouver sa femme et ses enfants. Sa santé était précaire, mais, contrairement à tant d'autres, il avait survécu !

Pendant l'internement de Maxime, Schura et ses enfants eurent ce qu'il faut bien appeler de la chance. Ils ne furent pas traqués, comme tant d'autres familles de détenus. Schura, Raïssa et Ievgueni furent autorisés à s'installer dans un wagon de chemin de fer. Un simple wagon de marchandises, tout au plus dix mètres carrés. Schura avait divisé cet espace restreint en trois parties. Près de la porte, un poêle pour se chauffer et préparer les repas ; le premier tiers servait à la fois de cuisine et de « séjour ». Le deuxième tiers était la chambre à coucher, et le troisième abritait les toilettes. Faute d'électricité, l'on s'éclairait à la bougie — une denrée rare, qu'il fallait économiser — et l'on devait aller chercher l'eau à la fontaine. Mieux encore, Schura put continuer à travailler. La famille n'était pas totalement démunie.

Dès ses premières années, Raïssa a donc connu non seulement l'incertitude d'une existence errante, mais aussi un extrême dénuement. Toute petite, elle fut astreinte à des obligations sévères. Pendant que sa mère travaillait, Raïa devait s'occuper de son frère, et sans doute faire le ménage dans le logement improvisé. Comme le dit aujourd'hui Lydia, la meilleure amie de Raïssa, celle-ci a beaucoup soutenu sa mère. Son enfance avait un goût amer.

Mais le plus lourd fardeau était celui de Schura. Face à tant d'injustice et de solitude, il lui arrivait souvent de pleurer. L'aide des grands-parents aurait plus que jamais été précieuse. Mais aux milliers de kilomètres venait s'ajouter l'interdiction de voyager. Faute d'appuis au niveau le plus élevé, il ne fallait pas songer à obtenir une telle autorisation. Schura, Raïssa et Ievgueni ne pouvaient compter que sur eux-mêmes. Raïssa se souvient toujours avec quelle énergie et quelle sollicitude Schura se consacrait à ses enfants, s'efforçant de leur donner un maximum de sécurité et d'intimité, afin que cette époque impitoyable ne les détruise pas. « Elle nous cousait des vêtements, elle faisait la cuisine, elle inventait des chansons : elle était disponible, et nous nous sentions protégés. Lorsque nous vivions dans l'Oural, nous allions cueillir des champignons que nous mettions en bocaux ou faisions sécher. » C'est en ces termes que Raïssa parlait de ces années et de celles qui allaient suivre. « Notre mère faisait très attention à nous et insistait sur une discipline que nous avons très tôt dû respecter, ce qui n'allait pas tarder à nous être bénéfique. »

Très tôt aussi, elle encouragea Raïssa Maximovna à lire, espérant que sa fille connaîtrait un jour une vie meilleure que la sienne. A bien des égards, cette étroite relation avec sa mère a marqué le caractère et le comportement de Raïssa Maximovna. Elle s'occupe elle aussi très attentivement de sa famille, et elle a hérité du sens du devoir qui caractérisait au plus haut point sa mère. Elle est de surcroît devenue une femme au foyer exemplaire, alors que son statut lui aurait permis de s'en remettre au personnel de maison dont dispose tout membre de la nomenklatura. De longues années durant, l'épouse de l'actuel chef du Kremlin veilla personnellement aux soins du ménage, allant faire les courses et préparant les repas. Jusqu'en 1985, l'année où Mikhaïl Gorbatchev devient Secrétaire général, elle se réserva le droit, du moins à l'occasion de repas de famille, de servir des plats qu'elle avait elle-même cuisinés. Comme sa mère l'avait fait pendant son enfance et sa jeunesse, elle s'efforçait d'éviter tout souci aux membres de sa famille. La paix et l'harmonie, telle était sa conception de la vie familiale. Raïssa a également hérité du tempérament et de la détermination de sa mère. Pour citer son amie Lydia : « Raïssa ressemble beaucoup à sa mère. Celle-ci est une femme très intelligente et énergique ;

bien qu'elle n'ait pas fait d'études, elle est fort perspicace. Son père est un homme modeste, peu loquace mais affable ; il a un caractère assez souple. Raïssa est très attachée à son père ; durant les années de déportation de celui-ci, elle a beaucoup pleuré. Mais, physiquement, Raïssa ne ressemble ni à son père ni à sa mère. »

Depuis de longues années, un instituteur en retraite de Vessolaïarsk, Ivan Dimitrievitch Potcheriv, rassemble des matériaux concernant l'histoire de son village. L'année dernière encore, une vieille femme presque centenaire se souvenait de Schura Paradina comme d'une « fille vive et alerte ». Encore une qualité dont Raïssa a hérité de sa mère. Ivan Dimitrievitch Potcheriv a écrit à Raïssa Maximovna Gorbatcheva pour lui demander quel était son lieu de naissance. Elle répondit sans tarder, confirmant qu'elle était bien née à Vessolaïarsk. Dans sa lettre, elle exprimait également le regret que la vie ne lui ait jusqu'à présent pas permis de revoir le village où elle avait vu le jour. Cette lettre est conservée dans les archives du comité local du Parti.

En 1939, donc, le père de Raïssa sortit enfin du camp. C'était un homme malade, mais il n'était pas brisé. Son cœur et son corps portaient les traces de ces années atroces, mais au camp il s'était fait des amis, notamment Sergueï Ligatchev, dont il partageait la dure couchette. Dans le secret de la nuit, ils avaient échangé des paroles de réconfort et parlé des inquiétudes que leur inspirait leur patrie.

Sergueï Ligatchev avait protesté contre la destruction de la culture du pays sous Staline : les monuments historiques non entretenus qui tombent en ruine, la dilapidation du patrimoine culturel. Il avait critiqué avec une vive amertume ces actes irresponsables. Au camp, il avait parlé de tout cela à Maxime Titarenko, et le simple employé des chemins de fer avait appris que son pays possédait autre chose que sa pauvreté. Il commença à se rendre compte de l'importance que l'art et la culture peuvent revêtir dans la vie d'un homme et dans celle de la société. Aussi surprenant que cela puisse paraître, Maxime sortit du camp plus cultivé qu'il n'y était entré. Quelque quarante ou cinquante années plus tard, Sergueï Ligatchev allait devenir l'un des fondateurs du Fonds culturel de l'U.R.S.S., organisme où travaillait aussi l'épouse du Secrétaire général Mikhaïl Gorbatchev ; elle était notamment chargée de répertorier les biens culturels et de superviser leur entretien.

En 1939, après la libération de son père, Raïssa commença à fréquenter l'école. Au même moment, la Seconde Guerre mondiale éclatait. Mais, alors même que les troupes allemandes déferlaient sur la Pologne, personne en U.R.S.S. ne croyait réellement qu'une guerre menaçait le pays. Le pacte conclu entre Hitler et Staline semblait garantir la paix. Pourtant, dès l'automne 1939, commença en U.R.S.S. une gigantesque opération de transfert des industries vitales vers l'intérieur du pays. D'énormes usines d'armement furent notamment implantées en Oural, tandis que dans l'Ouest des usines entières étaient démontées. Un train après l'autre reliait l'Ukraine et la Russie occidentale aux nouveaux sites industriels de Sibérie.

En cette année 1939, aussi, les Titarenko durent souvent plier bagage pour aller là où la direction des chemins de fer avait décidé d'envoyer Maxime. Pour les enfants, chacun de ces fréquents déménagements signifiait un changement d'école. Le livret scolaire de Raïssa n'était pas loin de ressembler à une carte de l'Union soviétique. La continuité des études n'en souffrait pas trop car les programmes étaient déjà les mêmes partout. De ce point de vue, un changement d'école ne constituait donc pas un problème — mais les enfants devaient chaque fois s'habituer à de nouvelles classes, à de nouveaux camarades et professeurs, ce qui n'était pas toujours facile. Cette existence errante explique sans doute pourquoi l'on attribuait à Raïssa, dès ses jeunes années, un caractère renfermé. Elle n'avait pas souvent le temps de s'habituer à son nouvel environnement. La famille qui errait ainsi d'un bout à l'autre du pays avait rarement droit à un logement digne de ce nom. Le provisoire était de règle : souvent, rien de plus qu'un wagon, qu'il suffisait d'accrocher à une locomotive pour gagner une nouvelle destination.

En ces années où Raïssa Titarenko voguait d'une ville et d'une école à l'autre, un jeune garçon de dix mois son aîné travaillait aux champs avec son père. Cela se passait non loin de Privolnoïe, bourgade de Russie méridionale qui figure tout juste sur les cartes d'état-major. Les quelque trois mille villageois vivaient repliés sur eux-mêmes. Le chef-lieu se trouvait à plusieurs heures de marche, et il fallait une journée entière pour gagner Stavropol, capitale du district. Le garçon s'appelait Mikhaïl. Il était le fils aîné de Sergueï Gorbatchev, agriculteur de son état.

Jusqu'à présent, la vie de Mikhaïl, ou Mischa, ne se distinguait en rien de celle des autres garçons de son âge. L'enfance insouciante fut de courte durée. Bientôt, en plus du travail scolaire, il dut aider son père. Les journées étaient longues, et les vacances n'y changeaient rien : la seule différence, c'était qu'il passait la journée entière aux champs. Le village marque davantage les hommes que la ville. La cohésion de la famille y est plus forte ; les travaux en commun créent des liens, chacun est obligé de compter sur les autres. Les grands-parents participent fréquemment à l'éducation des enfants. La division des tâches est une nécessité inéluctable, et la famille élargie impose sa loi. Aussi les grands-parents tiennent-ils une grande place dans les souvenirs de Mischa. Lorsque son père, Sergueï, fut mobilisé, et que sa mère dut aller travailler loin de Privolnoïe, il ne resta que les grands-parents pour veiller sur l'enfant. Si la petite Raïa était, par la force des circonstances, devenue une « fille de sa mère », Mischa était en un sens l'enfant de ses grands-parents. Mais l'éducation n'est pas le seul facteur qui forme la personnalité d'un être humain. Souvent, l'environnement physique, le paysage jouent un rôle important à cet égard : le pays où l'on a grandi et auquel, parfois, l'on s'identifie. La région de Stavropol, qui vit naître Mikhaïl Gorbatchev, constitua longtemps la frontière de l'Empire russe. Des cosaques s'y établirent : des paysans libres, non des serfs. Les terres fertiles abondaient. Elles faisaient plus que nourrir leurs propriétaires. Grâce à la vente du surplus, les familles cosaques vivaient mieux que les serfs des autres régions de Russie, mais ils étaient souvent obligés de défendre leur liberté les armes à la main : les nomades de la steppe faisaient de fréquentes incursions dans ces terres convoitées. Cette longue tradition d'indépendance forgea des hommes fiers, habitués à décider de leur destin sans dépendre d'une quelconque autorité. De tels traits de caractère persistent, même lorsque les circonstances changent.

Comme l'on pouvait s'y attendre, les fonctionnaires chargés d'organiser la collectivisation à la fin des années vingt et au début des années trente eurent beaucoup de mal à venir à bout de leur mission dans les anciens territoires cosaques. Renoncer à la propriété, cela signifiait le servage ; aussi les habitants furent-ils nombreux à défendre leur liberté — les armes à la main, comme le voulait la coutume.

Dans les montagnes de l'Altaï, patrie de Raïssa Gorbatcheva, les conditions étaient comparables à celles qui régnaient dans le pays d'origine de son mari, en dépit de l'éloignement géographique. De part et d'autre de ce massif montagneux s'étendaient d'immenses plaines, qui constituaient un monde à part. Ce n'est pas pour rien que l'on qualifie souvent de « pays » la région qui entoure Stavropol, ainsi que celle de l'Altaï : ce sont des contrées si vastes que plusieurs États européens y tiendraient à l'aise.

La région de l'Altaï servit elle aussi de refuge à de nombreux Russes, à des hommes et femmes courageux qui avaient quitté leur patrie et couvert des milliers de kilomètres pour vivre libres. Ici, ils étaient à l'abri des tracasseries de l'armée et des collecteurs d'impôts, à l'abri des persécutions et des sbires du pouvoir. Vivant librement du produit de leur travail, ils accueillaient quiconque voulait se joindre à eux. Dans cette grande communauté d'hommes libres, chacun pouvait se réaliser pleinement. La peur du voisin était inconnue; dans les villages aux maisons de bois, les portes n'étaient jamais fermées à clef. Les « vieux-croyants » (communautés issues du schisme qui divisa l'Église orthodoxe russe au XVIIe siècle) établis dans la région n'imposaient leur foi à personne. La concorde régnait. Lorsque les temps étaient difficiles, ce qui arrivait souvent, les groupes ne s'opposaient pas entre eux. Ils avaient appris que la solidarité est la clef de la survie.

L'ère nouvelle n'oublia certes ni le village cosaque de Russie méridionale ni la petite ville de l'Altaï; pourtant, bien des choses demeuraient inchangées. Ce qui avait fait ses preuves, on tenait à le conserver, tandis que toute nouveauté était accueillie avec suspicion. L'école, en revanche, était une porte ouverte sur le monde. Certes, les enfants ne pouvaient consacrer tout leur temps à apprendre, loin de là : souvent, les travaux ménagers et surtout la participation aux tâches communes prenaient plus de temps que l'école. Pourtant, la soif de savoir domina dorénavant les vies de Mikhaïl Sergueïevitch et de Raïssa Maximovna. Cela n'a rien de surprenant. L'histoire abonde en exemples d'enfants issus de milieux modestes, qui manifestent une plus grande soif de savoir et d'expériences nouvelles que des enfants plus favorisés. Tous deux conservèrent cette volonté d'apprendre pendant toute la durée de leurs études.

Lorsque Raïssa entra à l'école, la scolarité obligatoire était de quatre ans. A l'époque, la scolarité n'était de sept ans que dans les villes et les grandes cités ouvrières ; il fallut attendre 1949 pour que les études primaires « longues » fussent étendues à tout le territoire de l'Union soviétique.

Les deux premières années, les classes étaient mixtes ; ensuite, garçons et filles étaient séparés. A l'époque où Raïssa fréquentait l'école primaire, il y avait plus de trente élèves par classe ; jusqu'à la quatrième, un seul et même instituteur enseignait toutes les matières. L'emploi du temps de ces premières années était simple : une heure d'éducation physique, une heure de dessin et une heure de chant ; quelques heures d'arithmétique ; le reste du temps était consacré au russe et à une première initiation à la littérature. Un monde nouveau s'ouvrit bientôt à la petite fille : elle apprenait à lire, vivement encouragée par sa mère. Aux yeux de celle-ci, lire avait une importance vitale, ne serait-ce que parce que cela formait le caractère. Elle eut d'ailleurs peu de résistance à vaincre chez Raïssa.

En 1940 naquit la sœur cadette de Raïssa, qui fut nommée Ludmilla. Une tâche supplémentaire pour Raïssa et Ievgueni, qui devaient s'occuper du bébé pendant que leur mère travaillait. Les parents faisaient de leur mieux pour partager leur temps entre le travail et leurs trois enfants, mais ces derniers n'avaient pas la meilleure part.

Raïssa allait à l'école depuis deux ans seulement lorsque l'Union soviétique entra en guerre. Les nazis avaient attaqué. Le potentiel industriel de l'Ouest, vital pour la défense nationale, devait à tout prix être préservé. Seul le chemin de fer permettait de transporter des usines entières. La réussite de cette gigantesque entreprise fut en premier lieu le fait des cheminots et de leurs familles. Le personnel des chemins de fer était aux ordres de l'armée.

Lorsque les illusions du pacte germano-soviétique se furent envolées en fumée — la fumée des maisons en feu, des villes en ruine, des villages incendiés — Staline lança le mot d'ordre TOUT POUR LE FRONT. Au prix de sacrifices inouïs, le peuple entier se mobilisa pour la « Grande Guerre patriotique ». Quelques mots suffisent à résumer ce que cela signifiait pour Raïssa et les siens : une vie sur les rails. La famille et le pays s'installèrent dans le provisoire. Les denrées essentielles commençaient à manquer ; les hommes allaient jusqu'à l'extrême limite de l'endurance. Dans toute la mesure du possible, certes, les enfants étaient privilégiés et protégés. Loin du front, il y avait l'école et la « normalité » ; beaucoup d'enfants travaillaient néanmoins par roulement dans les usines d'armement et dans les champs ; d'autres collectaient des matières premières de récupération et s'occupaient de personnes âgées, ou de leurs petits frères ou sœurs.

Raïssa devint presque pour Ievgueni et Ludmilla un substitut de mère. Pourtant, comme elle le dit, « Baba Schura (aujourd'hui encore, c'est ainsi qu'elle appelle sa mère) faisait de son mieux pour protéger l'existence de ses enfants et pour les entourer de soins ». La proximite du front, avec ses souffrances, la mort omniprésente et la faim : cela du moins fut épargné à Raïssa. Mais la famille menait une existence de nomades. Les écoles, les professeurs, les lieux changeaient sans cesse. Avait-elle des amis ou amies à cette époque de sa vie ? En ces temps chaotiques, Raïssa fut certainement très solitaire. Souvent, face aux regards curieux de ses nouvelles camarades de classe, elle dut espérer trouver parmi elles une amie. Une vraie, comme dans les livres. Et si jamais elle en trouvait une, la guerre ou l'administration des chemins de fer obligeait une fois de plus la famille à déménager.

Raïssa était une fillette assez taciturne, bonne élève, et qui lisait davantage que la plupart des enfants de son âge. Peut-être cela l'aida-t-elle à se protéger de la vie. Rêver avec les livres, se laisser emporter par eux... Mais toujours, la guerre emportait Raïssa au loin, coupant les ponts entre le rêve et la réalité.

Raïssa se soumit d'autre part avec enthousiasme au conditionnement politique. Comme tous les écoliers et écolières, de la troisième à la septième, elle portait le foulard rouge des Pionniers et connaissait par cœur leur devise :

Si tu portes le foulard des Pionniers
Il faut t'en montrer digne ;
Sa couleur est rouge
Comme notre drapeau.

Il lui fut remis à l'occasion d'un des grands rassemblements d'enfants organisés dans le pays entier sur le thème : « Merci au camarade Staline pour une enfance heureuse ».

Comme tous les enfants, aussi, Raïssa dut prononcer la

salutation matinale des Pionniers : « Prêts à lutter pour la cause de Lénine et de Staline... — Toujours prêts ! »

Elle ne pouvait pas savoir qu'un décret de 1943 statuait qu'il fallait inculquer aux Pionniers un dévouement sans faille envers le peuple et le Parti communiste, et une haine fanatique des « ennemis du peuple ». Le foulard des Pionniers faisait l'objet de la même dévotion que la carte du Parti. Raïssa n'eut aucun mal à s'identifier aux objectifs déclarés des Pionniers, notamment : attitude positive à l'égard du travail et des études, application, endurance, ponctualité, courage, entraînement physique. Elle était de taille à y faire face, mais avait-elle conservé son invulnérabilité, resta-t-elle indemne ? Qui pourrait en juger aujourd'hui ? Peut-être Raïssa elle-même n'en est-elle pas capable. Que savons-nous encore de l'âme de notre enfance ?

Après l'école primaire, Raïssa entra en 1943 au collège, ce qui lui donnerait la possibilité d'accéder à l'enseignement supérieur. De nouvelles matières venaient s'ajouter au programme des études : histoire, géographie, botanique, zoologie, étude de la Constitution, langues étrangères et même, dans les classes supérieures, psychologie. L'enseignement de la psychologie peut surprendre, dans le contexte du régime tyrannique de Staline. Mais Raïssa, qui avait grandi au sein de ce système contradictoire, était trop prisonnière de celui-ci pour pouvoir s'en rendre compte. Il est de prime abord difficile de concilier la déportation du père et les efforts déployés par la mère pour que sa fille réussisse dans le cadre du régime. Mais ces années étaient pleines de menaces silencieuses et mortelles. Maxime Titarenko et sa femme l'avaient appris à leurs dépens, et se taisaient ; pour survivre, il ne fallait pas attirer l'attention sur soi.

Au collège, Raïssa avait environ trente-trois heures d'enseignement hebdomadaire. Le système d'éducation rigoureux laissait peu de place à un épanouissement de la personnalité. Certains réformateurs avaient vu le danger, mais ils s'étaient heurtés à la méfiance et à l'arbitraire d'une bureaucratie de plus en plus omniprésente. La pédagogie, fondée sur l'obéissance absolue, sur le dressage, correspondait parfaitement aux implacables conceptions de Staline. Mais l'on ne connaissait que cela : aucune comparaison avec d'autres systèmes éducatifs n'était possible. Dans tous les domaines, le pays était complètement fermé et soumis.

L'année scolaire était divisée en quatre trimestres ; à la fin de chaque trimestre, les élèves étaient notés dans toutes les matières, ainsi que pour leur conduite. Toutes portaient un uniforme, leur coiffure devait être soignée et discrète, le maquillage était prohibé. Raïssa se souvient que, dans ses premiers livres de classe, les portraits des révolutionnaires hostiles au régime stalinien étaient maculés d'encre, voire découpés ; parfois, l'on s'était contenté de crever les yeux avec des ciseaux. Comme il n'y avait pas assez de livres, les collégiennes devaient travailler à quatre sur le même. Le travail scolaire se faisait donc en groupe ; il fallait très tôt acquérir le sens de l'effort en commun.

Comme toutes ses camarades, Raïssa dut travailler dur pour assimiler cette masse de connaissances, pour ne pas rater les examens et contrôles aussi fréquents que sévères, sous la pression d'une école doctrinaire qui ne pardonnait pas l'échec. Il existait, on le sait, des professeurs d'exception qui parvenaient à rendre cette situation tolérable, mais ils étaient impuissants à changer le système. Raïssa apprenait. C'était une élève calme et studieuse. Il était dans sa nature de faire face à des obligations, d'obtenir des résultats toujours meilleurs. Elle apprenait pour son pays, elle apprenait pour Staline, et peut-être aussi par crainte de ses parents. Staline était partout. Où qu'elle regardât, il était présent : dans la classe, dans le journal mural, sur les panneaux d'affichage des rues — Staline était dans sa vie. Il était dans toutes les têtes : apôtre vénéré ou dictateur inspirant la crainte, il avait quelque chose d'un dieu omnipotent. Dans chaque rédaction, dans chaque dictée, Raïssa devait chanter les louanges de Staline. Plus elle l'encensait, meilleures étaient ses notes. Au nom de Staline, des souffrances sans fin étaient infligées aux hommes ; et c'était pour lui que l'on travaillait dur, que les professeurs enseignaient, que les élèves apprenaient.

Nous sommes en 1945. Raïssa a treize ans. La guerre est terminée, mais le pays est en ruine. Il faut reconstruire : une fois de plus, les chemins de fer joueront un rôle essentiel. Une vie nouvelle commençait, mais c'était de nouveau une vie d'errance et d'efforts. Chacun devait donner le meilleur de soi-même. Sans doute Raïssa dut-elle plus que jamais partager son temps entre le ménage, ses petits frère et sœur, et les études. Il semble cependant que, dans la mesure du possible, sa mère veillait à ce que sa fille si douée et motivée ait suffisamment de temps à elle pour ne pas gâcher ses chances. Un jour, Raïssa devait connaître un sort meilleur que ce qu'avait vécu Schura Paradina, la robuste et enjouée villageoise de Sibérie occidentale.

L'horizon de Raïssa restait limité, mais l'avenir s'annonçait sous des couleurs moins sombres. Celui ou celle qui travaillait dur, et qui politiquement ne sortait pas du rang, pouvait réussir. « A l'école, Raïssa s'occupait beaucoup de tâches sociales. Elle participait activement à la vie commune. Dès son enfance, elle était un “ leader ” », raconte son amie Lydia.

Raïssa ne déçut pas sa mère. Elle sortit du collège avec une médaille d'or. En dixième, elle avait obtenu 5 (la meilleure note) dans toutes les matières sans exception, et la mention « excellent » à tous ses examens. Les matières préférées de Raïssa étaient alors l'histoire, la littérature et les sciences humaines. A la fin de ses études secondaires, son futur mari Mikhaïl avait « seulement » reçu une médaille d'argent; en allemand, il n'eut même pas la mention « très bien ». Seul un élève sur cent obtenait une médaille d'or, et un sur cinquante, une médaille d'argent. Le contrôle des connaissances était extrêmement sévère. Pour Raïssa, la fin des études secondaires inaugura une période de plus grande stabilité. Elle put poursuivre ses études à Moscou : les heureux bénéficiaires d'une médaille d'or ou d'argent avaient le privilège de s'inscrire sans examen d'entrée dans n'importe quelle école supérieure ou université du pays. Lors de l'entretien préalable au rectorat de l'université de Moscou, Raïssa se révéla une loyale combattante pour le communisme, consciente de son devoir.

Pour l'instant, la vie de ses parents ne changea guère. Maxime et Schura durent attendre le début des années soixante-dix pour connaître enfin une existence paisible. Pour eux, le train s'arrêta à Krasnodar, ville d'une certaine importance située à peu de distance de Stavropol. Stavropol devait encore jouer un rôle dans leur vie, lorsque leur fille, devenue Mme Raïssa Gorbatcheva, s'y installa pendant de longues années. Mais rien ne permettait encore de le prévoir.

Raïssa va donc à Moscou. A Krasnodar, ses parents obtiendront une « Khrouchtchevka » ; c'est ainsi que les Russes appelaient les logements modestes, dans des immeubles d'environ cinq étages, qui allaient être construits pendant l'ère Khrouchtchev. Ils comprenaient une salle commune, de petites chambres, une cuisine, une salle de bains et des toilettes.

Dans ses jeunes années, Raïssa était très proche de son frère Ievgueni, né guère plus d'un an après elle. Ensemble, ils avaient veillé sur la petite Ludmilla lorsque leur mère travaillait. Plus tard, Ievgueni accompagna sa sœur lorsqu'elle allait danser; à l'occasion, il la protégeait contre des cavaliers importuns. Et, lorsqu'il y avait une fête au collège après la tombée de la nuit, Ievgueni, toujours lui, l'attendait dehors pour la raccompagner.

Les relations de Raïssa avec sa mère, aujourd'hui âgée de soixante-dix-sept ans, ainsi qu'avec son frère et sa sœur, sont restées aussi chaleureuses que jadis. Sa mère habite toujours à Krasnodar le modeste appartement qui avait été alloué à son mari lorsque celui-ci avait pris sa retraite. Elle va souvent voir sa fille à Moscou, où elle séjourne plusieurs semaines. Le reste du temps, Raïssa Maximovna se rend plus ou moins régulièrement à Krasnodar pour s'occuper de sa mère. En dépit de ces étroits liens familiaux, l'épouse du chef du Kremlin veille à ce que les membres de sa famille ne tirent pas d'avantages personnels de la haute position de Mikhaïl Sergueïevitch. A ce jour, rien ne permet de supposer que, emboîtant le pas à ses prédécesseurs, l'actuel numéro un soviétique protège les membres de son clan et leur procure des avantages indus. Il n'est pas impossible que cette attitude s'explique par la révélation du népotisme de Brejnev, qui avait scandalisé l'opinion soviétique, et par la prudence politique de Gorbatchev.

Ievgueni et Ludmilla firent eux aussi des études. Ievgueni était attiré par l'art; il devait par la suite écrire des livres pour enfants, qui ne connurent d'ailleurs qu'un médiocre succès et furent vite oubliés. Ludmilla, elle, étudia la médecine; après avoir exercé en divers endroits, elle finit par se fixer à Oufa, capitale de la république de Bachkirie. En 1986, la famille se réunit encore une fois au chevet du père mourant. Il existe une photo de l'enterrement ; la profonde douleur de Raïssa et de sa mère y est nettement visible.

Les années et le destin ont dispersé la famille Titarenko. Mais il nous faut revenir à l'époque où Raïssa partit pour Moscou — s'envolant tel un oiseau, comme disent les Russes.

2.

Les années d'université

1954. La fin des études est marquée par une photo de groupe. Un montage, plutôt, 132 portraits ; 22 de format carré : les professeurs, et 110 ovales : les étudiants. Des visages jeunes et moins jeunes ; la curiosité et l'expérience, la joie de vivre et le mal de vivre, l'espoir et la résignation... L'histoire et les histoires de tout un peuple sont résumées dans le cadre étroit de ce cliché : la promotion 1954 de la faculté de philosophie de l'université de Moscou. Des étudiants que le hasard avait assemblés en 1949, et qui étaient maintenant, après cinq années d'études, lâchés dans la vie.

La quatrième photo en partant de la gauche, dans la rangée du bas, montre une jeune femme qui fixe gravement l'objectif. Une légende l'accompagne : Titarenko R. M.

Des semaines de recherches ont été nécessaires pour retrouver cette photo. Des milliers de kilomètres en avion, d'innombrables entretiens. Chaque fois que je croyais enfin toucher au but, un événement imprévu me renvoyait à mon point de départ. Il me fallait absolument cette photo pour résoudre une des énigmes concernant la *First Lady* du Kremlin. Les déclarations, officielles ou autres, sur la biographie de Raïssa Gorbatcheva indiquent toutes, en ce qui concerne le début et la fin de ses études, une année différente. L'oubli entre certainement en ligne de compte, mais aussi une mauvaise connaissance des faits, que l'on se refuse à reconnaître, pour des raisons de prestige.

Oublis ? Imprécisions ? Manipulations ? Il me fallait des preuves irréfutables. Dans ma recherche de photos probantes, je ne tardai pas à me rendre compte que, comme par magie, elles avaient soudain disparu de tous les lieux où j'étais presque certaine de les trouver. Ce phénomène demeura pour moi un mystère jusqu'au jour où une des personnes concernées rompit le silence : lorsque son mari devint le maître du Kremlin, Raïssa Maximovna Gorbatcheva exigea que toutes les photos et autres documents personnels lui soient retournés, à l'exception de ceux qui appartenaient aux membres de sa proche famille. Rares sont aujourd'hui ceux qui peuvent étayer leurs déclarations concernant Raïssa Maximovna par des photos authentiques.

La porte est ainsi grande ouverte à la formation d'une légende. Des demi-vérités, voire des falsifications manifestes, sont présentées à l'opinion comme des faits avérés. La tâche du biographe en devient d'autant plus ardue. En dépit des obstacles, il faut pourtant découvrir des faits nouveaux et éclaircir ce qui est obscur.

Le lecteur attentif aura remarqué que la légende accompagnant la photo de 1954 identifie Raïssa Maximovna sous son nom de jeune fille, alors qu'elle était déjà mariée depuis un an et avait pris le nom de Gorbatcheva. Comme cela m'intriguait, j'ai interrogé à ce sujet des témoins de l'époque et des spécialistes de l'Union soviétique. Leurs réponses peuvent se résumer comme suit : sur la photo de fin d'études, il était généralement d'usage de désigner les étudiantes sous le nom de famille qu'elles portaient au début de leurs études. Dans les rapports quotidiens, le nom de famille jouait d'ailleurs un rôle fort secondaire; l'on utilisait habituellement le prénom — souvent sous sa forme abrégée, ou familière — suivi du prénom du père. A l'époque où Raïssa Maximovna faisait ses études, il était presque de règle pour les étudiantes de son âge de se marier le plus tôt possible, afin d'échapper à l'atmosphère puritaine et à la discipline quasi monacale des résidences universitaires. Ces mariages d'étudiants étaient généralement éphémères : il ne s'agissait guère que d'une pseudo-légalisation du désir naturel de ces jeunes gens de vivre une sexualité normale. Or, les lois draconiennes de l'ère stalinienne interdisaient les relations sexuelles en dehors du mariage. La conséquence de ces nombreux mariages d'étudiants était des divorces fréquents, souvent suivis de remariages tout aussi hâtifs. Si l'on veut se souvenir, des années après, de ses camarades d'université, il est donc préférable de leur conserver le nom sous lequel elles ont commencé leurs études. Peut-être aussi les responsables de la photo de la promotion 1954 ne voyaient-ils dans l'union de Raïssa et de Mikhaïl Gorbatchev que l'habituel feu de paille... mais il est impossible d'en juger. Ce qui est certain, en tout cas, c'est qu'à la fin de ses études Raïssa était déjà devenue Mme Gorbatcheva.

Dans les universités soviétiques, l'on ne faisait certes pas de cadeaux aux étudiants. L'acquisition des connaissances jouait un aussi grand rôle que dans les établissements d'enseignement occidentaux, mais les étudiants étaient de surcroît jugés selon toute une série d'autres critères, en premier lieu leur dévouement au Parti et à ses dirigeants. Pour obtenir de bons résultats, il fallait se soumettre à ces exigences. C'était plus que jamais le cas en ces années où Raïssa Maximovna fréquentait les cours et les séminaires de la faculté de philosophie de l'université de Moscou. Avant même son inscription, les autorités du Parti et de l'État avaient vérifié son loyalisme, rassemblé des rapports, des témoignages et des certificats de bonnes mœurs : un premier tri, au terme duquel seuls les élus pouvaient prétendre à faire des études. La médaille d'or que Raïssa avait obtenue à sa sortie du collège n'était qu'un simple ticket de quai permettant d'accéder à la gare — mais non de monter dans le train menant aux études. Pour cela, il fallait un billet en bonne et due forme. Mais ce billet, il était impossible de l'acheter. Dans ce domaine, comme dans tant d'autres de la Russie d'alors (et même d'aujourd'hui), c'était le règne de l'affectation d'office. Les futurs étudiants devaient en principe s'inscrire dans les établissements d'enseignement supérieur de leur république. Le libre choix n'existait pas, et n'existe toujours pas. L'autorisation d'étudier à Moscou était un privilège exceptionnel, comparable aux plus hautes distinctions. Pour l'obtenir, il fallait être au-dessus de toute critique, et avoir témoigné d'un loyalisme absolu envers le Parti et l'État.

Il existait bien sûr dans la société soviétique une couche à laquelle ces conditions ne s'appliquaient pas : la nomenklatura. Ici, le conformisme politique et idéologique du père, de la mère, voire des grands-parents remplaçait toutes les formalités et tenait lieu d'examen d'entrée pour leurs descendants. Ici, les critères d'admission auxquels étaient soumis les « simples mortels » n'avaient plus cours. Ce qui comptait c'étaient les titres et les décorations, les fonctions exercées au sein du Parti ou de l'État. La fille de cheminot Raïssa Maximovna Titarenko n'entrait pas dans cette catégorie. Ses parents n'étaient pas moins assidus que les membres de la nomenklatura, et aucune convention collective ne fixait la durée de leur labeur quotidien. Il fallait travailler jusqu'à ce que la norme soit atteinte ; presque toujours, cela représentait des journées de douze heures. Les époux Titarenko mettaient eux aussi toute leur énergie au service de la société. Mais, contrairement aux membres de la nomenklatura, cela ne leur donnait aucun privilège. Dans un de ses premiers décrets, « l'État ouvrier et paysan » fondé par Lénine donnait à tous un droit égal à l'éducation. Mais l'État, maintenant dirigé par Staline, ne prenait pas cette loi à la lettre. Dans cette société en théorie égalitaire, certains étaient plus égaux que d'autres.

Raïssa Maximovna, qui, selon son amie Lydia, possédait depuis l'enfance des « qualités de leader », s'était certainement, en plus de son travail scolaire, distinguée par son activité au sein du Komsomol (Union des jeunesses communistes), pépinière des cadres du Parti. En dépit du caractère timide et réservé qu'on lui attribuait, son engagement devait être suffisamment fort pour que les autorités la jugent digne de poursuivre ses études — non pas dans une quelconque université de province, mais dans le plus prestigieux établissement d'enseignement supérieur du pays, l'université d'État M. V. Lomonossov de Moscou. Sans oublier que, contrairement à nombre d'autres postulants, elle avait dû faire face à un obstacle supplémentaire : l'existence instable due au métier de son père, les fréquents changements d'école (parfois, elle ne restait que quelques mois dans un même établissement) exigeaient sans cesse de nouveaux témoignages de loyalisme. Chaque école la soumettait à une nouvelle évaluation, dont les résultats étaient consignés dans son dossier scolaire. Raïssa ne pouvait se permettre aucune trêve dans ses activités sociales, ce qui aurait à coup sûr entraîné un jugement défavorable. Et il n'aurait pas été facile de se racheter...

Moscou, 1949. C'est une belle soirée, bien que l'été tire à sa fin. Raïssa Maximovna Titarenko, qui a maintenant dix-sept ans, est arrivée à la gare de Biélorussie. La jeune fille a ramené ses cheveux en une lourde tresse ; dans la valise qu'elle a de la peine à porter, elle a mis tous ses trésors : des vêtements d'été et d'hiver, ses livres préférés, peut-être aussi quelques manuels qui pourraient se révéler indispensables. En cette saison, il fait bon à Moscou, mais les nuits sont déjà fraîches. Il ne faut pas être pris au dépourvu.

Plus de mille kilomètres séparent l'Oural, où elle a terminé sa scolarité, de Moscou. Pour un Russe, et encore bien moins pour une fille de cheminot, une telle distance n'a rien d'effrayant. Dans ce pays gigantesque, les critères ne sont pas les mêmes que chez nous. Ce qui compte davantage, c'est sans doute de quitter la maison des parents, et d'être ici, dans cette capitale dont elle rêve depuis des mois, des années.

Des milliers de voyageurs se bousculent pour gagner la sortie. D'autres, assis sur les quais à côté de leurs bagages, attendent un train qui doit partir ce jour-là — l'heure exacte n'est jamais annoncée. A toutes les questions, le personnel répond par la même litanie : « Patience, patience, ça va arriver. » Mais la jeune fille de l'Altaï ne s'intéresse pas aux trains en partance. Elle regarde avec stupéfaction ce qui l'entoure ; elle n'a encore jamais vu une foule pareille. Soudain, elle est emportée par la masse humaine. Vite, elle agrippe la valise et le carton. Surtout, ne rien perdre ! Le peu qu'elle possède est irremplaçable. Devant la gare, un spectacle analogue l'attend : des milliers d'hommes et de femmes, amenés ou emportés par des camions à plate-forme, essayant de monter sur les marchepieds de bus surchargés. A croire que le pays entier monte à l'assaut de la capitale. Pendant le long trajet, Raïssa a lu et relu la lettre lui indiquant où elle doit aller. Elle la connaît par cœur. Pourtant, debout sur l'esplanade de la gare, elle est désemparée. Les images de Moscou qu'elle a vues ne correspondent pas à la réalité qu'elle a sous les yeux. Où sont les grands immeubles aux teintes claires, et le métro, et les gens heureux dont les visages souriants ornent la une des journaux et des revues ? Où sont la place Rouge et le Kremlin, la fenêtre éclairée jour et nuit derrière laquelle travaille le grand et sage camarade Staline ? A perte de vue, il n'y a que des maisons branlantes, et de poignants rappels de la guerre : ruines, cratères de bombes, invalides. Il lui faut du temps pour réaliser que Moscou ne se limite pas à cette perspective et que la ville est si vaste qu'on ne peut la voir en entier de cette esplanade de gare. Pour la première fois de sa vie, elle se trouve dans une vraie ville.

Moscou, une ville inconnue, rude et animée, aux rues pleines de monde. Dépaysante et hautaine, d'une beauté imposante, la capitale aurait pu faire peur à Raïssa. Mais ce qui l'emportait, c'était la joie d'être enfin arrivée, la tension de l'attente, la perspective de vivre à Moscou... La place Rouge, le Kremlin, le légendaire magasin Goum, Lénine embaumé au mausolée et ses œuvres réunies à la bibliothèque qui porte son nom.

Il faudra encore des semaines et des mois pour qu'elle commence à se faire une petite idée de ce que cela signifie de vivre à Moscou, dans cette métropole que beaucoup considèrent comme la seule vraie ville du pays. Le pays entier était mis à contribution pour reconstruire la capitale. L'approvisionnement était bien meilleur que dans les autres régions. Dans le centre, l'on trouvait des victuailles que Raïssa ne connaissait même pas de nom : caviar, jambon à l'os, crabe, poissons salés et fumés... Les prix étaient toutefois si élevés que les étudiants, comme bien d'autres couches de la population, devaient se contenter de faire du « lèche-vitrine ». Pour les étudiants, c'était devenu un jeu de dire : « Allons en ville, on mangera avec les yeux ! »

L'adresse que Raïssa Maximovna avait dans la poche de son manteau, et qu'elle connaissait par cœur, était « rue Stromynka », dans le quartier Sokolniki, au nord-est de la ville. C'était là que se trouvait la résidence universitaire. Au XVIIe siècle, sous l'empereur Pierre Ier, les bâtiments servaient de caserne au régiment de cavalerie de Preobrajenski. Après la révolution de 1917, ils avaient été surélevés ; depuis, ils n'avaient pas fait l'objet d'autres travaux. Les dommages infligés par la guerre devaient être limités, car les étudiants purent de nouveau y être accueillis lorsque les universités rouvrirent.

Les conditions de vie étaient extrêmement sommaires. Plus de dix mille étudiants y vivaient — sept à quinze par chambre. Il y avait des étages pour les jeunes filles, et d'autres pour les garçons ; les contrôles étaient sévères. Les amoureux devaient témoigner d'une grande ingéniosité pour se retrouver ne serait-ce qu'un moment. Il fallait non seulement tromper la vigilance des surveillants, mais envoyer « en visite » dans d'autres chambres une dizaine de camarades.

Chaque étage disposait de toilettes communes avec lavabos, ainsi que d'une cuisine rudimentaire. Ceux qui tenaient à leur propreté corporelle devaient se rendre aux bains publics. Cela coûtait toutefois une poignée de kopecks, qu'il fallait trouver. Les chambres étaient spartiates. Des lits, une table, des chaises en nombre insuffisant, pas d'armoire — mais partout le portrait de Lénine, qui surveillait les étudiants du haut d'un cadre accroché au mur nu. La chambre de Raïssa abritait douze étudiantes. Elle était relativement luxueuse : douze lits, quelques tables de chevet, et même une armoire, bien trop petite pour accueillir tous les effets des étudiantes, dont la plupart restaient dans les valises glissées sous les lits. Une table à laquelle toutes ne pouvaient trouver place en même temps, même s'il y avait eu assez de chaises. Les murs étaient revêtus de lambris bleus ; en hiver, les fenêtres sans rideaux laissaient entrer le froid, et en été, la chaleur était étouffante.

Une ancienne camarade d'études de Raïssa, Ida Ivanovna Schulus, titulaire d'un doctorat d'histoire, se souvient : « J'ai suivi les cours de la faculté de philosophie en même temps que Raïssa, c'est-à-dire de 1949 à 1954. Je m'étais inscrite à la section de philosophie, tandis qu'elle était dans la section de psychologie. Nous vivions dans la même chambre de la résidence de la rue Stromynka, la chambre 392. Douze étudiantes y cohabitaient — vous comprendrez que nous étions fort à l'étroit. Il n'y avait bien entendu ni carrelage ni moquette. Lorsque nous passions la serpillière, le sol en ciment mettait trois jours à sécher. Nous faisions le ménage à tour de rôle. En dépit de ces conditions de vie, nous nous entendions très bien. Après la première année, nous ne fûmes plus que sept par chambre, puis six et enfin quatre : Raïssa, Nina, Chalida Sijatdinova et moi. Le midi, nous mangions à la cantine de la faculté. Nous n'étions pas des gourmets, et cela faisait un repas chaud. Le soir, nous faisions cuire des pommes de terre pour tout le monde. Les parents de Raïssa envoyaient des colis de nourriture. Je me souviens que Raïssa et Chalida recevaient souvent du miel. Nous partagions entre nous ce que nous recevions. On ne peut pas dire que nous ayons vraiment connu la faim. Nous recevions aussi une bourse, 30 roubles en moyenne. Ce n'était pas grand-chose. En plus des colis, certains parents envoyaient quelques roubles. Notre camarade d'études Dounetchka n'avait personne pour l'aider. Régulièrement, nous mettions de l'argent de côté pour elle. Chez nous, il n'y avait pas de problèmes de nationalités. Nous vivions en parfaite harmonie : une Arménienne, une Azerbaïdjanaise, une Ouzbek. »

Ces jeunes garçons et filles réunis dans la résidence universitaire composaient un mélange haut en couleur. Ils venaient de toutes les régions d'Union soviétique, parfois de pays « amis » du bloc communiste; quelques-uns avaient même été envoyés par des partis communistes occidentaux pour parfaire leur formation de futurs cadres dans la capitale de l'orthodoxie marxiste-léniniste. La composition des chambrées était apparemment due au hasard; le seul point commun était que tous les étudiants partageant une chambre appartenaient à la même faculté. La difficile situation financière des étudiants faisait naître un fort sentiment de solidarité. Tout se faisait en commun; à tour de rôle, ils étaient chargés de faire les courses et de préparer les repas, qui se limitaient en général à des pommes de terre accompagnées de fromage blanc ou de harengs salés. Les « extras » étaient rares. Le midi, tous mangeaient au restaurant universitaire : un plat, en général chaud, à base de millet ou de sarrasin. Celui qui réussissait à se remplir l'estomac était aussi satisfait qu'un gourmet qui a fait un repas fin.

A l'époque, la faculté était située au centre de la ville, dans des édifices datant du temps des tsars. Cela devait former un ensemble plein de charme, face au Kremlin, non loin de la place Rouge; autour, il y avait le jardin Alexandre et les beaux bâtiments anciens de la bibliothèque Lénine. Au-delà du parc, de larges ponts franchissaient la Moskova. La nouvelle université d'État rayonnait au cœur de Moscou, rappelant une fois encore l'éclat historique de la capitale.

Bien qu'elle eût assez peu souffert de la Seconde Guerre mondiale, Moscou s'était bientôt transformée en un gigantesque chantier. Les petites maisons en bois aux balustrades et aux volets sculptés firent place à des immeubles modernes. Des villes-satellites virent le jour. Les rues pavées de bois furent recouvertes de bitume. La ville se modernisait, au grand regret des nostalgiques du passé.

Les cours, travaux pratiques et séminaires duraient de huit heures du matin à cinq heures du soir, six jours par semaine. A sept heures au plus tard, les étudiants quittaient la résidence de la rue Stromynka. Un court trajet à pied les conduisait à la station de métro, d'où ils gagnaient le centre. A quelques pas seulement de la faculté se trouvait la bibliothèque universitaire ; les étudiants passaient de longues heures dans ses grandes salles rondes dallées de marbre. Les encouragements étaient superflus : chacun considérait les études comme un honneur et un devoir. Comme l'exiguïté de leur logement interdisait toute concentration, les étudiants passaient beaucoup de temps à la bibliothèque. Ils y rédigeaient des abrégés d'ouvrages savants, y préparaient leurs exposés et examens. L'assistance aux cours était obligatoire ; toute absence non autorisée entraînait des mesures disciplinaires allant du simple avertissement à la suppression de la bourse, voire à l'exclusion de l'université.

Ida Ivanovna Schulus poursuit : « Dès le début, Raïssa avait une bourse d'un montant plus élevé que les nôtres, à cause de la médaille d'or qui lui avait été décernée à Krasnodar pour ses remarquables résultats scolaires. Mais elle ne se reposait pas sur ses lauriers. Elle savait ce qu'elle voulait, et étudiait avec une grande assiduité. Nous étions encore très jeunes, tout juste dix-huit ans, mais nous n'étions plus des enfants. Nous savions que nous avions une tâche à remplir, mener nos études à leur terme, et nous le faisions à fond. J'ai déjà dit quelques mots des chambres que nous habitions. Douze filles dans une même pièce... il n'était pas question d'y travailler. En fait, nous n'y revenions guère que pour dormir. Nous révisions nos cours dans les salles de lecture de la bibliothèque universitaire rue Machovaïa. Pour y trouver une place, il fallait se lever de bonne heure, afin d'arriver à sept heures pour l'ouverture des salles. Souvent, je retenais une place pour Raïssa ; parfois, c'était le contraire. Il n'y avait pas de paresseuses parmi nous, mais Raïssa était toujours un petit peu plus consciencieuse que les autres. Nous étions toutes issues de familles modestes ; nos parents étaient rarement allés au-delà de l'école primaire. Nous voulions devenir plus cultivées qu'eux, nous voulions mettre à profit la chance qui s'offrait à nous. Venues de tous les recoins du pays, nous avions la saine ambition de conquérir la capitale.

« Nous préparions les séminaires ensemble. Nous écoutions attentivement l'étudiante qui avait la meilleure connaissance du sujet. Notre groupe d'études comprenait aussi des soldats et officiers de l'Armée rouge qui s'étaient battus au front pendant la Grande Guerre patriotique. Démobilisés, ils se préparaient à la vie civile. Ils étaient bien entendu plus âgés que nous, et la plupart nous traitaient avec condescendance. De notre salle de cours, où trônait évidemment un grand buste de Staline, nous pouvions voir le Kremlin. A la mort de Staline, tous les étudiants et étudiantes ont pleuré, Raïssa aussi. Nous — Raïssa et nos compagnes de chambre — sommes restées deux jours à la *dom Soïouzov* (la Maison des syndicats, où était exposé le corps de Staline). Raïssa avait attrapé un énorme rhume. Durant ces jours, l'université était bien sûr fermée. »

Les études et les rassemblements ne constituaient bien entendu pas toute l'existence des étudiants soviétiques de l'époque. Venus de presque toutes les régions de cet immense pays, ils profitaient dans toute la mesure du possible des avantages que leur offrait la capitale. Certes, à Moscou comme ailleurs, la pénurie régnait, du moins pour ceux qui avaient peu d'argent — ce qui était le cas des étudiants. Restait la culture. Bien que plus assidue que la moyenne, Raïssa disposait de suffisamment de temps libre pour partir à la découverte de cette ville inconnue. Elle avait rapidement compris que Moscou ne se limitait pas à ce qu'elle avait vu en arrivant à cette gare de Biélorussie anonyme et surpeuplée. Elle s'immergea dans la vie de la capitale, fréquentant un théâtre après l'autre, allant au concert et aux expositions. Son horizon commençait à s'élargir.

La vie culturelle de Moscou ne tarda pas à faire partie intégrante de l'existence de Raïssa et de ses compagnes. Il ne faut pas oublier que nombre de ces étudiantes et étudiants n'étaient jamais allés à l'opéra, n'avaient jamais vu un ballet. Galina Oulanova, la danseuse étoile russe mondialement célèbre, dansait au Bolchoï. Elle avait fait le tour du monde avec *Le Lac des cygnes* — c'était devenu *sa* création. Les étudiants se passionnaient également pour la vie littéraire, ou ce qui en tenait lieu, se disputant au sujet de tel ou tel auteur, échangeant des livres, souvent en secret. I. I. Schulus raconte : « A Moscou, nous sommes pour la première fois allées à l'opéra ; du premier coup, nous avons eu droit à ce qui se faisait de mieux en Union soviétique. Ce que nous avons vu ? La réponse est simple : Raïssa et moi avons pratiquement vu tout le répertoire du Bolchoï. Nous y avons entendu les chanteurs les plus renommés, applaudi les plus grandes danseuses. Nous allions également dans les théâtres moscovites, où l'on présentait ce que nous prenions pour des mises en scène sensationnelles. Au club universitaire, nous pouvions nous procurer des abonnements pour toutes les manifestations culturelles de la capitale. Ces abonnements étaient très convoités. Par la voie normale, en allant aux guichets des théâtres, il était presque impossible d'obtenir des billets : la demande était trop forte. Nous réussissions tout de même à aller une ou deux fois par semaine au théâtre, à l'opéra ou au concert. »

Raïssa se rendait aussi à des matinées ou soirées dansantes organisées par l'Union des Komsomols. Lors de ces bals d'étudiants, la jeune fille de l'Altaï, si sérieuse et pourtant si joyeuse, aux nattes ramenées sur la tête en une couronne, attirait les regards de tous les garçons. C'était une de ces jeunes filles qui dansent jusqu'à ce que l'âme leur sorte du corps, comme le dit un proverbe russe. Ils étaient tous avides de vivre, ces jeunes gens et filles de la première génération de l'après-guerre. Ils étaient pressés de rattraper tout ce que la guerre leur avait volé, à eux et à leurs parents. Pour créer un groupe de théâtre dans le cadre du Komsomol, il n'y avait pas besoin de longues tractations pour « arranger » un vote. Tous ressentaient un besoin effréné de s'exprimer, de se confronter à la réalité.

Cédons une fois encore la parole à Ida Ivanovna Schulus, qui enseigne maintenant l'histoire du Parti à l'Institut technique de Vladimir. Au cours de la conversation, elle nous a montré quelques photos de ses années d'université. « Nous menions une vie assez joyeuse. Je me souviens encore de la fête du Nouvel An, lors de notre première année d'études. Nous avions sorti tous les lits et placé la table au milieu de la chambre. Raïssa avait mis une robe blanche. Voyez, sur cette photo, nous sommes tous là. Au premier plan, celui qui porte des bottes, c'est Vitia Gorlianski. Il est aujourd'hui titulaire de la chaire de philosophie au conservatoire de la ville de Gorki. A côté de Raïssa, il y a Lija Rusinova, la femme du célèbre philosophe Iouri Levanda. Iouri lui-même est assis au premier rang, le dernier à droite. Lija travaillait à Smolensk ; elle a perdu la vie dans un accident d'automobile. Et voilà d'autres amies de Raïssa, Ida Solvieva et Leila Grigorian, une petite Hongroise toute maigre. Au second rang, en partant de la gauche : Slava Kalinen, qui travaille aujourd'hui à l'agence de presse A.P.N. ; Leonid Tchepotarev, qui est mort d'un cancer ; et l'Ouzbek Chamrakol Meltykbaïev, devenu maître de conférences. Il avait dix ans de plus que nous autres. A son arrivée à l'université, il avait déjà travaillé plusieurs années comme président d'un kolkhoze. Celui-là, c'est un certain Wronski, que nous avions baptisé " Planeta " ; il surgissait soudain d'on ne sait où et disparaissait tout aussi subitement. Notre groupe comptait en fait deux autres membres, Nina Mordasova et Mirab Mirabmarmadachvili. Mais ils ne sont pas sur la photo. Le Nouvel An était une occasion de se retrouver, de manger ensemble et de discuter. Entre nous, il n'y avait pas de gêne, pas de problèmes.

« Cette image de Raïssa m'est restée : en longue robe blanche et talons hauts, avec sa taille de guêpe et sa couronne de cheveux. Elle ne manquait pas de soupirants, c'est le moins qu'on puisse dire. Les philosophes étaient toutes intelligentes et sympathiques, certes, mais les garçons étaient plus attirés par les psychologues. Pourquoi ? Je ne m'en souviens plus. Peut-être étaient-elles moins bavardes.

« Attendez, je me souviens d'autre chose. La première année, Raïssa avait de longues tresses qu'elle relevait sur la tête. Ensuite, elle les a coupées et s'est fait faire une permanente. En 1951, Nina et elle avaient commandé des manteaux bleu foncé dans un atelier de couture proche de la résidence universitaire. Le col de celui de Raïssa était en astrakan. Raïssa était d'ailleurs aux petits soins pour son amie Nina, qui vivait auparavant dans une maison d'enfants. Son unique parente, une tante, travaillait à l'ambassade soviétique en Amérique. Elle ne put aider sa nièce qu'après son retour en Russie. Il me fallut attendre plusieurs années pour pouvoir m'offrir un manteau sur mesure. En attendant, je continuai à porter le manteau de ma mère, que j'avais déjà sur le dos en arrivant à Moscou en 1949.

« Je me souviens encore très bien que Raïssa s'occupait beaucoup de son frère Schenia et de sa sœur Lioudotchka, qui avait plusieurs années de moins. Plus tard, elle aussi étudia la psychologie à l'université de Moscou, tandis que Schenia allait à l'académie militaire.

« Durant toutes ces années, Raïssa reçut une seule fois la visite de ses parents. Ils dormaient dans la même chambre que leur fille, à la résidence de la rue Stromynka ; les compagnes de chambre de Raïssa avaient eu la gentillesse de déménager pour leur faire de la place. Elles faisaient même la cuisine pour ses parents. Personne n'était exclu ; nous formions une grande famille. Comme elles ne voyaient pratiquement jamais leurs propres parents, elles n'étaient que trop heureuses de pouvoir parler de leurs petits problèmes avec ces " parents de remplacement ". L'atmosphère était excellente, car le père de Raïssa était très sociable. La maman de Raïssa faisait de temps à autre de la couture pour nous, recousant des boutons, ou réparant des vêtements. Personne n'aurait pu imaginer que la vie de Raïssa éveillerait un jour un tel intérêt.

« Nous avions l'habitude d'échanger nos vêtements. Lorsque l'une d'entre nous avait rendez-vous avec un garçon, nous mettions à sa disposition nos plus beaux habits. Un rendez-vous, c'était important. Et il fallait se faire jolie : la concurrence ne manquait pas.

« Raïssa trouvait toujours de nouvelles occupations pendant ses rares heures de loisir. Nina et elle suivaient un cours de " gymnastique artistique ", qui était depuis peu à la mode. Nina avait alors des problèmes de poids ; bref, elle grossissait et dut abandonner. Si je me souviens bien, Raïssa, elle, continua. Dans ses relations avec ses amies, c'était elle la " meneuse " ; elle était fine et perspicace, et réagissait vite.

« En 1953, nous sommes allées nous installer dans les nouveaux bâtiments universitaires des monts Lénine. Je crois même que nous fûmes les premières à emménager. Toutes joyeuses, nous avons traversé la capitale dans des camions, emportant nos maigres possessions. La nouvelle université, et surtout la résidence, c'était le paradis. Au restaurant universitaire, il y avait même des nappes et des serveurs... Comme les travaux n'étaient pas finis, les étudiants de la faculté de philosophie faisaient de l' " agit-prop ", agitation et propagande politique. Nous allions voir les ouvriers — tous d'anciens détenus, libérés depuis peu des camps — pour discuter avec eux et faire leur éducation politique. Chaque semaine, nous leur présentions des informations. Mais la plupart n'avaient pas du tout envie de discuter avec nous. Et lorsqu'ils se décidaient parfois à parler du camp, il nous était tout simplement impossible de croire ce qu'ils disaient. Oui... beaucoup d'entre nous estimaient même que des gens qui propageaient des choses si terribles sur notre État méritaient bien d'être envoyés dans un camp...

« Quant à Raïssa et Mikhaïl — en deux mots, ils s'aimaient et étaient heureux ensemble. A mon avis, ils se complétaient parfaitement. Je crois même que Mikhaïl ne serait pas allé aussi loin s'il avait épousé une autre femme.

Lorsque Raïssa avait fait la connaissance de Mikhaïl, elle venait de vivre un amour malheureux ; elle n'était plus du tout sûre de ses sentiments et de son attitude à l'égard du sexe opposé. Il lui arrivait souvent de demander conseil à Nina...

« Pour Raïssa, au contraire de Micha, ce ne fut pas le coup de foudre. Il dut lui faire la cour une année entière avant qu'elle ne dise oui. Il réussit à apaiser ses craintes, car il était raisonnable, capable d'inspirer confiance. Il avait beaucoup d'énergie et de volonté, et faisait l'effet d'un jeune homme très sérieux. Quelque chose le distinguait des autres garçons de son âge. Il s'intégra sans problème à notre cercle : il était en harmonie avec nous. L'on voyait tout de suite que ses intentions concernant Raïssa étaient sérieuses. C'est un comportement très appréciable chez un homme.

« Micha avait fait sa première apparition chez nous en 1953, juste au moment où nous allions partir pour la résidence universitaire des monts Lénine. J'étais déjà mariée. Micha nous avait été amené par mon mari. L'étage était surveillé jour et nuit ; les visiteurs n'étaient pas admis dans les chambres, surtout pas les hommes. Nous ne pouvions les recevoir que dans la salle commune. Le mariage fut très joyeux, très gai. Nous — ses compagnes de chambre — l'avions organisé à la cantine du M.G.U., dans le secteur B ; c'était en quelque sorte notre cadeau pour Raïssa et Micha.

« Après 1954, je n'ai plus jamais revu Raïssa. Je sais par ailleurs que Nina n'a jamais interrompu ses relations avec les Gorbatchev. Elle était souvent invitée à Stavropol, et continue à voir régulièrement Raïssa.

« Que puis-je vous raconter d'autre au sujet de Raïssa ? Je pense avoir tout dit. Elle était spontanée. Elle aimait chanter ; elle était toujours en train de fredonner un air ou une mélodie. J'en ai gardé le souvenir d'une jeune femme radieuse, toujours de bonne humeur et emplie de joie de vivre, qui savait s'habiller avec goût. »

Valentin Sidorov, un autre camarade d'études de Raïssa Maximovna, se souvient lui aussi fort bien de leurs années d'université, de 1949 à 1954. Devenu écrivain de renom international, il est passionné par la philosophie hindoue. Tandis qu'il se spécialisait dans l'étude de la philosophie, Raïssa Maximovna suivait l'enseignement du département de psychologie de la faculté de philosophie de Moscou. Ils avaient donc peu de cours en commun, mais se voyaient quotidiennement à la résidence de la rue Stromynka, où tous deux habitaient. Sidorov n'a pas oublié le jour où sa mère vint lui rendre visite pendant les vacances, sans l'avoir averti de son arrivée. Impossible de trouver un hôtel... et il n'avait bien entendu pas le droit de l'héberger dans sa chambre. Valentin Sidorov était sur le point de demander à sa mère de repartir le soir même, lorsque Raïssa le tira d'affaire le plus simplement du monde : elle alla s'installer dans une autre chambre, et mit son lit à la disposition de la mère de Sidorov.

Ce n'était pas la première fois que Raïssa Maximovna aidait Sidorov — et ce ne fut pas la dernière. Sa médaille d'or lui avait valu une bourse d'un montant plus élevé que la norme, à cela venait s'ajouter une prime — dite de « rendement » ! — dont bénéficiaient les meilleurs élèves, ceux qui avaient régulièrement d'excellentes notes à leurs examens. Raïssa avait donc plus d'argent que la plupart de ses camarades. Lorsque les fins de mois étaient difficiles, Sidorov lui empruntait régulièrement de petites sommes. Tous deux partageaient aussi la passion de la musique classique, et avaient de longues conversations sur Dostoïevski.

Un autre souvenir inoubliable de Sidorov est cette soirée de juin 1954 qui suivit la remise des diplômes. Jusqu'au petit matin, la joyeuse bande parcourut les rues de Moscou, chaque étudiant tenant une bougie allumée à la main. Après cette ultime soirée, il dut attendre de longues années avant de revoir Raïssa Maximovna. Elle ne participait pas, en effet, aux réunions annuelles d'anciens élèves, qui se tenaient à l'hôtel « Moskva » ou au « National ». Peut-être Stavropol était-elle trop loin de Moscou, peut-être aussi des raisons plus personnelles entraient-elles en jeu. Qui sait ?

Leurs retrouvailles eurent lieu après plus de trois décennies, en 1986, à l'occasion du Congrès des écrivains soviétiques réuni à Moscou. Raïssa Maximovna y avait accompagné Mikhaïl Gorbatchev. Elle reconnut aussitôt son ancien camarade d'études, et ils évoquèrent longuement leurs souvenirs communs. « Nous avons tout de suite parlé de nos années d'université, raconte Sidorov ; comme si rien n'avait changé, sauf que je n'avais plus besoin de la taper d'un ou deux roubles. » Pendant toutes ces années, Raïssa Maximovna, toujours passionnée de littérature, avait suivi la carrière de son ami écrivain. Tous ses livres figuraient dans sa bibliothèque — mieux, elle les avait lus.

Les années d'études de Raïssa Maximovna Titarenko ne furent cependant pas qu'insouciance et plaisirs. Il y avait les bals et le tango, certes, le théâtre, les concerts et bien d'autres loisirs. Mais sur tout cela pesait un climat lourd de menaces, qui étouffait la vie intellectuelle. La moindre manifestation de pensée indépendante était brutalement réprimée par Staline et le Parti. Quiconque était accusé de s'écarter de la ligne officielle risquait une mort lente dans un camp du Goulag, quand il n'était pas exécuté sur-le-champ. Le rigide dogmatisme marxiste de l'ère stalinienne eut des conséquences particulièrement catastrophiques dans le domaine de la philosophie. Il était interdit d'étudier les philosophes « occidentaux » ; Hegel et Kant, pour ne citer qu'eux, étaient proscrits.

En 1947, à la suite des « débats » suscités par la publication de l'*Histoire de la philosophie ouest-européenne* de G. F. Alexandrov, l'histoire de la philosophie se vit réduite à un unique thème : la lutte entre matérialisme et idéalisme. Bien entendu, le matérialisme représentait invariablement l'avenir et les forces progressistes — et l'idéalisme les forces réactionnaires et rétrogrades. Marx, Engels, Lénine et Staline, dieux de ce nouveau culte, dominaient toutes les sciences humaines ; ils furent proclamés les plus grands philosophes, historiens, juristes et linguistes du monde, et devinrent les héros de bien d'autres disciplines encore.

La philosophie revint plusieurs siècles en arrière. Elle n'avait plus pour objet de décrire et d'expliquer le monde dans lequel nous vivons, mais de justifier l'existence faite aux hommes ; elle devint la « science des sciences ». Staline en personne déclencha ce processus avec ses écrits, *Marxisme et Linguistique,* et *Problèmes économiques du socialisme en U.R.S.S.* Pour des générations de penseurs de tous les pays du bloc oriental, ces ouvrages devinrent les critères de la pensée philosophique. Dans les sciences humaines, des disciplines entières durent s'y conformer jusqu'à devenir méconnaissables.

Loin de se limiter à la philosophie et aux sciences humaines, ce processus s'étendit aux sciences de la nature. En biologie, c'était le règne incontesté des théories de Mitchourine. Taxée de pseudo-science bourgeoise, la génétique classique était rejetée sans appel ; ses représentants les plus prestigieux étaient qualifiés, au choix, de charlatans ou d'« idéologues bourgeois ». Staline éleva au rang de science les hypothèses génétiques sans fondement de l'agronome Lyssenko. Quiconque se permettait la moindre critique ou manifestait l'ombre d'un doute perdait son nom et sa position, et se voyait exclure de la communauté intellectuelle et universitaire. Nombre de savants jouissant jadis d'une réputation internationale en étaient réduits à devenir balayeurs de rues ou manœuvres — et encore avaient-ils le plus grand mal à trouver un emploi. Beaucoup étaient en butte à une répression tant physique que psychologique.

Ce contexte politique et idéologique ne pouvait manquer de marquer profondément les convictions intimes et le comportement social de la jeunesse estudiantine. Compte tenu de l'impitoyable répression de la pensée, les comportements étaient dominés par un conformisme absolu... du moins en apparence. Lors des cours, des séminaires et des travaux dirigés, tous les problèmes philosophiques étaient passés au crible de la censure stalinienne, et examinés du point de vue de la lutte des classes et de la fidélité à la ligne du Parti. Les professeurs propageaient un stalinisme agrémenté de fioritures philosophiques, présenté comme l'expression de la plus haute sagesse. Il est probable que Raïssa Maximovna n'en sortit pas indemne — pas plus que les autres étudiants. Comme ses compagnons, elle exprima son admiration pour le génie de Staline, nourrit la conviction d'une prochaine victoire du communisme, et étudia avec ferveur les classiques de la pensée communiste. Comme elle était studieuse et rompue à cet exercice, elle obtenait invariablement de bonnes notes et des appréciations élogieuses.

A un autre niveau, l'esprit d'ignorance, de dogmatisme et de dilettantisme scientifique qui régnait à l'époque n'était pas sans susciter une protestation, même si elle restait inconsciente, et un état de doute permanent. Partagés entre la vie officielle et la vie cachée, entre le conscient et l'inconscient, étudiants et enseignants n'étaient pas loin de la schizophrénie. Facteur aggravant, les professeurs et chargés de cours n'avaient pas tous, loin de là, les mêmes qualités intellectuelles et morales. Aux côtés d'hommes de grande valeur, nombre d'ignares et de dilettantes sévissaient dans l'enseignement. Le professeur Molodzov, doyen de la faculté de philosophie, enseignait le matérialisme dialectique dans un respect total du dogme stalinien. Ancien surveillant dans un camp de redressement pour mineurs, un certain Kositchev était devenu le gardien du « communisme scientifique ». Quant aux cours d'histoire de la philosophie, dispensés par M. T. Ioftchouk, leur principal objet était de démontrer que les œuvres des philosophes russes étaient supérieures à toutes les autres écoles philosophiques.

Parmi les étudiants avec lesquels Raïssa Maximovna s'était liée d'amitié, il faut signaler N. Bikkenine, N. Lapin et I. Morosova. N. Naumova et A. Zinoviev étudiaient également avec elle à la faculté. Étudiants particulièrement zélés, Bikkenine et Lapin se distinguaient aussi par leur comportement conforme à la ligne du Parti. Raïssa Maximovna, dit-on, entretenait de bonnes relations avec tous les étudiants et étudiantes de la faculté ; elle se sentait cependant particulièrement proche de Lapin et Bikkenine. Bien des amitiés datant de ce temps ont été oubliées, mais elle a toujours gardé le contact avec eux. Les relations de Lapin et de Bikkenine avec la famille Gorbatchev ne semblent d'ailleurs pas leur avoir nui.

Après ses études, Nikolaï Ivanovitch Lapin, né en 1932, collabora d'abord à titre de rédacteur scientifique à la revue *Voprossi Filosofii* de l'université de Moscou. Il entra ensuite à la section « recherche sociologique » de l'Institut de philosophie de l'Académie des sciences. A la suite d'un désaccord avec le directeur de l'Institut, il dut pendant de longues années travailler dans le cadre d'un institut moins prestigieux. L'ascension de Lapin ne débuta réellement qu'après l'élection de Gorbatchev au rang de Secrétaire général du P.C.U.S. Bien qu'il eût en tout et pour tout publié une maigre brochure — une monographie sur la jeunesse de Marx, dans laquelle il traite de problèmes philosophiques mineurs — il fut soudain nommé directeur adjoint, et peu après directeur en titre, de l'Institut de philosophie de l'Académie des sciences. Cette promotion aussi rapide qu'inespérée fut pourtant de courte durée. Un autre proche du chef du Kremlin, le conseiller pour les questions scientifiques et culturelles Frolov, devenu à l'automne 1989 rédacteur en chef du plus grand quotidien soviétique, l'organe du Parti, la *Pravda,* ne tarda pas à relever Lapin de ses fonctions.

Naïl Bariïevitch Bikkenine, né en 1931, commença par travailler avec Lapin à la rédaction de la revue de philosophie, avant d'être muté à la section « idéologie » du comité central du P.C.U.S., où il était notamment chargé de combattre les influences idéologiques occidentales. Depuis l'élection de Gorbatchev à la plus haute fonction de l'État soviétique, il dirige l'hebdomadaire *Kommounist,* organe doctrinal et politique du Parti. Son prédécesseur à ce poste important n'était autre que Frolov. L'on voit mal quels mobiles politiques auraient pu inciter Gorbatchev à confier cette fonction au prudent et peu réformateur Bikkenine. Les rumeurs qui attribuent cette nomination à l'influence de Raïssa Maximovna n'ont jusqu'à présent pu être réfutées.

La carrière d'un autre camarade d'études de Raïssa Maximovna n'est pas moins instructive. Devenu écrivain, comme V. Sidorov, Alexandre Zinoviev a vivement critiqué l'idéologie et le système communistes. Son œuvre la plus célèbre est le roman satirique *Les Hauteurs béantes,* dans lequel il fustige l'absurdité du régime et l'asservissement du peuple russe; ses attaques visent les anciens dirigeants du Parti, sans épargner pour autant certains partisans de la perestroïka. Frolov, notamment, le rédacteur en chef de la *Pravda,* y est aisément reconnaissable. Le sort réservé à Zinoviev et à son livre fait presque figure d'anachronisme. Tandis que, en cette époque de glasnost, aucun sujet n'est tabou pour les journaux soviétiques, le livre de Zinoviev reste interdit et ne peut être édité, car il dérange l'opportuniste Frolov et les « camarades » de son entourage.

Chalida Sijatdinova occupe aujourd'hui la chaire de philosophie de l'École supérieure du Parti à Tachkent. Camarade d'études de Raïssa Maximovna, elle vécut de 1952 à 1954 dans la même chambre de la résidence universitaire. Chalida a mis à notre disposition une photo sur laquelle sont assemblées Raïssa et ses compagnes de chambre. Bien que le cliché ait pâli, l'on voit nettement que les jeunes filles assises sur le lit de Raïssa composent un groupe « international ». Un autre détail frappe aussitôt : Raïssa s'arrange toujours pour attirer l'attention. Parfois, il suffit d'un petit geste, d'une légère inclinaison de la tête, ou encore d'un vêtement hors du commun, comme cette robe à pois de couleur sombre. Cette particularité lui restera; l'on a même l'impression qu'elle l'a cultivée. Sur toutes les photos de l'épouse du chef du Kremlin, Raïssa se distingue nettement de ceux qui l'entourent. Tandis que, par exemple, la femme du premier ministre Nicolas Rijkov, coiffée d'un foulard de couleur vive, porte un manteau qui est visiblement du prêt-à-porter fabriqué en série, il ne fait aucun doute que les vêtements de Raïssa viennent d'une grande maison de couture. Un monde sépare ces deux femmes, et pas seulement les fonctions respectives de leurs maris. Une vraie *First Lady*, dans un pays où ce rôle n'existait pas, et où, à vrai dire, cette fonction n'avait pas de raison d'être.

A l'université, le premier amour de Raïssa Maximovna fut un étudiant du nom d'Oleg, dont le père était général. Or cet amour se heurta à l'opposition de la mère d'Oleg. La fille de cheminot n'était pas un parti digne du fils d'un général ; elle était de trop basse extraction pour entrer par le mariage dans les cercles les plus élevés du Parti et de l'État. Raïssa eut-elle l'impression de prendre sa revanche avec l'ascension de son mari ? C'est probable.

Raïssa et Mikhaïl Gorbatchev se virent pour la première fois à un cours de danse, où le jeune homme n'était d'ailleurs allé que pour se moquer des médiocres talents de danseur d'un de ses amis. Dès cette première rencontre, ce beau garçon si sûr de soi ne fut pas sans plaire à Raïssa. Mais, pour l'instant, les choses en restèrent là. Leur amitié ne commença vraiment que plus tard. Au cours de gymnastique, Raïssa s'était blessée au pied : il avait fallu l'emmener à l'hôpital. Mikhaïl, qui n'avait pas oublié leur première rencontre, lui rendit visite. En le voyant, les infirmières la taquinèrent : « En voilà un beau jeune homme ! Ne le laisse surtout pas filer ! » Raïssa prit ce conseil à la lettre.

Le mariage eut lieu en 1953. Raïssa avait tout juste vingt et un ans. Une vraie « noce de Komsomols », à laquelle n'assistaient ni les parents ni les amis d'enfance. Le rituel du mariage civil se déroula selon les formes prescrites par la loi. Ensuite, une trentaine de camarades d'études se retrouvèrent dans un coin du restaurant universitaire. Pour une fois, ils ne burent pas l'habituel « thé des étudiants », à savoir de l'eau chaude. Quelqu'un avait déniché un samovar ; il y avait du saucisson et de la viande salée, envoyés de Privolnoïe par la mère du marié. Ce fut une joyeuse fête. Le jeune couple ne tarda pas à se retirer. Les camarades de chambre de Mikhaïl s'étaient installés ailleurs. Pour leur nuit de noces, Raïssa et Mikhaïl disposaient d'une chambre entière, avec la certitude de ne pas être dérangés.

Dès le lendemain, la vie reprit son cours habituel. Raïssa et Mikhaïl durent regagner les lits qui leur avaient été assignés par l'administration de la résidence universitaire. Ils durent attendre une année entière avant d'obtenir une chambre à eux. Mais le jeune marié ne se résignait pas à cette situation. De temps à autre, il demandait à ses camarades de prendre des « mesures collectives », afin de se retrouver seul avec sa femme !

En 1954, le jeune couple s'installa dans la nouvelle résidence universitaire des monts Lénine. L'inconfort de la rue Stromynka appartenait au passé. Ici, ils avaient l'impression d'être dans un quatre étoiles. Les quelques mois qu'ils y passèrent jusqu'à leurs adieux (provisoires) à Moscou furent la période la plus heureuse de leur vie d'étudiants. Bien plus tard, Mikhaïl Sergueïevitch dira de cette période de sa vie : « Ce furent des années incomparables, des années sans lesquelles il serait tout simplement impossible de comprendre ce que ma vie est devenue. »

Un autre aspect important de la vie d'étudiant des Gorbatchev — et de celle de leurs camarades — était ce que l'on appelle toujours dans les pays communistes le « travail social », autrement dit la participation régulière aux rassemblements et campagnes du Komsomol, les Jeunesses communistes. Dans les années qui suivirent la mort de Staline, les débats dans le cadre de ce mouvement permirent de réfléchir à des voies nouvelles. Dans ce domaine, Gorbatchev était plus actif que sa femme ; il assura quelque temps l'intérim d'un responsable des études au sein de la délégation universitaire du Komsomol. Une anecdote amusante est liée à cette période : dans un article de presse, un fonctionnaire du nom de Lukjanov critiqua la façon dont Gorbatchev s'acquittait de cette tâche. En soi, cela n'aurait rien d'extraordinaire, si ce même Lukjanov n'était depuis devenu le suppléant de Gorbatchev au Congrès des députés du peuple. Raïssa Maximovna, elle, accomplissait consciencieusement les tâches qui lui étaient confiées dans le cadre de ce « travail social », mais elle n'exerça apparemment aucune fonction officielle, même au niveau le plus subalterne. C'est d'autant plus surprenant que, pendant ses études secondaires, elle était particulièrement active au sein du Komsomol.

Au cours de leurs premières années de mariage, Raïssa et Mikhaïl Sergueïevitch allaient beaucoup au cinéma — et bien sûr au Bolchoï. Le week-end les voyait souvent au parc Loutchniki, où ils assistaient aux représentations de cette institution typiquement soviétique qu'est le « théâtre d'estrade », mélange de danse, de chants et de musique d'orchestre. Dès cette époque, Raïssa faisait tout pour que son mari s'intéresse davantage aux manifestations culturelles. Au début, Mikhaïl Sergueïevitch y assistait surtout pour faire plaisir à sa femme, mais il finit par y trouver un intérêt réel.

L'université de Moscou et les années d'études ont à bien des égards déterminé la vie des Gorbatchev. Envisageaient-ils déjà de retourner un jour à Moscou ? Rien ne s'y opposait, en fait. Tous deux avaient de hautes qualifications, et la période d'ouverture qui suivit le XXe Congrès du Parti, en 1956, leur donnait de bonnes chances d'être nommés dans la capitale. Après la mort de Staline, le pays sortit peu à peu de sa paralysie ; pourtant, d'innombrables citoyens soviétiques venus de tout le pays pleurèrent sa disparition. On se refusait tout simplement à croire ce qui se disait depuis longtemps, en secret, sur les agissements du « dirigeant suprême ». Mais le pays commençait à s'éveiller de son long sommeil. C'est précisément à cette époque que se situent les deux dernières années moscovites des Gorbatchev. A l'aube de cette ère nouvelle, le poète Ievgueni Evtouchenko incarna les aspirations de la jeunesse : vivre autrement, être libre de travailler, d'aimer et de voyager.

Raïssa Maximovna obtint son diplôme un an avant son mari. Compte tenu de ses résultats exceptionnels, la faculté lui offrit la possibilité de poursuivre ses études, avec pour objectif final la rédaction d'une thèse de doctorat. Elle accepta cette proposition, espérant notamment que cela lui permettrait, ainsi qu'à son mari, de rester plus longtemps à Moscou. Mais cet espoir ne se réalisa pas. Comme le veut l'adage soviétique, « le camarade propose mais le Parti dispose » ; les Gorbatchev durent s'incliner. A la fin de ses études, Mikhaïl Sergueïevitch fut envoyé à Stavropol, et Raïssa dut remettre à plus tard la préparation de son doctorat.

3.

Stavropol ou l'entrée dans la nomenklatura

En 1955, Mikhaïl Sergueïevitch avait donc terminé ses études à l'université de Moscou. Bien avant de recevoir leurs diplômes, sa femme et lui-même avaient dû régler un problème fort important pour leur avenir. Ils durent en effet décider du lieu de leur premier emploi. Dans l'Union soviétique de 1955, il n'était bien entendu pas question de choisir librement. La réglementation voulait (et veut toujours) que, à moins de bénéficier de hautes protections, les jeunes diplômés universitaires exercent leur métier pendant au moins trois ans là où l'État — plus précisément, la « commission des cadres » — les envoie. Cette affectation d'office est justifiée par une considération somme toute fort logique : l'État donne à l'étudiant une formation gratuite, le loge et lui verse de surcroît une bourse ; l'étudiant a donc envers lui une dette qu'il doit honorer. Dès le début de ses études, chaque étudiant doit signer un document par lequel il s'engage à accepter son affectation là où « l'État et la société » ont besoin de lui. Seuls ceux qui se sont distingués par leurs performances hors du commun et leur « ferme adhésion aux principes » — entendez par là une parfaite docilité — peuvent, non pas choisir leur affectation, certes, mais au moins exprimer leurs souhaits.

A en juger par ce que nous savons des Gorbatchev, il est permis de supposer qu'ils entraient dans cette catégorie. Raïssa Maximovna et Mikhaïl Sergueïevitch, tous deux membres du Parti et très actifs au sein du Komsomol, faisaient probablement partie des élus autorisés à rester dans la capitale. Mais... « mieux vaut être le premier au village que le dernier à la ville »; Mikhaïl Sergueïevitch était suffisamment réaliste pour savoir que le proverbe disait vrai. Ce choix, dicté par un froid calcul, ne fut certainement pas facile. Raïssa savait tout ce qu'ils perdraient en quittant Moscou : il faudrait renoncer aux activités culturelles de la capitale, et s'accommoder tant bien que mal de l'inertie intellectuelle d'une ville de province. Les années passées à Moscou l'avaient rendue exigeante; retourner en province, c'était presque retomber dans le Moyen Âge.

Telle fut pourtant leur décision. Ils emballèrent leurs maigres possessions, et le train les emporta. Leur destination : Stavropol, à l'extrême sud de la R.S.S. de Russie. Les jeunes mariés devaient y rester de longues années. La chambre qui leur fut attribuée était petite, triste, et manquait du confort le plus élémentaire — il n'y avait même pas de toilettes. Rien à voir avec le luxe de la résidence universitaire qu'ils venaient de quitter. Raïssa Maximovna et Mikhaïl Sergueïevitch prirent douloureusement conscience de l'abîme qui séparait Moscou de la province. Il y avait heureusement quelques compensations. Le climat de Stavropol, située à la lisière nord du Caucase, est bien plus doux que celui de la capitale. L'hiver, si redoutable à Moscou, ne dure que trois mois. Dès le mois d'avril, la campagne fleurit; les cyprès signalent la proximité de la mer Noire. Leurs silhouettes élancées se dessinant sur un fond de collines violettes donnent à la région un caractère méridional. L'été, les maisons de la ville disparaissent presque sous une végétation exubérante.

Stavropol, qui comptait alors à peine plus de 100 000 habitants, était une typique petite ville de province soviétique. Dans le centre, les rues étaient pavées ou goudronnées, et l'on voyait quelques immeubles de plusieurs étages, construits en brique. Plus l'on s'en éloignait, plus l'agglomération prenait un caractère villageois : maisons basses entourées de petits jardins clos.

Lorsque ces potagers, qui assuraient la subsistance de leurs propriétaires (la plupart des habitants de Stavropol étaient d'origine paysanne) donnaient un petit excédent, ils allaient le porter au marché. C'était aussi le centre de communications de l'homme de la rue : l'on venait y apprendre les dernières nouvelles et échanger des informations concernant la vie quotidienne, sans oublier, bien sûr, les potins et commérages divers.

Cette région où Raïssa et Mikhaïl avaient — en partie de leur propre chef, en partie par décision administrative — été envoyés ressemblait à bien d'autres régions de l'immense Union soviétique. Elle avait cependant une particularité géologique qui ne devait pas être sans influence sur la carrière des deux jeunes gens. Stavropol est en effet entourée de nombreuses sources aux vertus curatives. De petites villes d'eaux telles que Mineralnye Vody, Piatigorsk ou Kislovodsk, qui appartiennent toutes à la région administrative de Stavropol, avaient déjà excellente réputation sous les tsars. L'État soviétique y fit construire des établissements modernes, où de nombreux membres de l'élite venaient se faire soigner. Près de quatre-vingts sanatoriums et plus de vingt pensions proposaient hydrothérapie, bains de boue et cures thermales. Ces centres de soins, appartenant à l'État ou au Parti, ne sont évidemment pas accessibles au premier venu. Comme les aristocrates de jadis, les dirigeants du Kremlin, ministres, cadres supérieurs du Parti, directeurs de grands journaux, généraux et maréchaux viennent y « prendre les eaux » en famille. A Kislovodsk, il y avait par exemple des sanatoriums réservés aux officiers supérieurs de l'Armée rouge, ainsi que des datchas du K.G.B.

Au fil des années, ces sources d'eaux minérales se révélèrent doublement utiles : excellentes pour la santé, elles l'étaient également pour la carrière de ceux qui les fréquentaient. Le chef local du parti devait en effet veiller au bien-être de l'élite moscovite séjournant dans la région. Il n'était pas rare que de hauts personnages du Kremlin le convoquent pour une conversation. En dépit de l'éloignement de la capitale, le premier secrétaire du comité régional du Parti avait donc des relations privilégiées avec les hautes sphères de l'Union soviétique. On sait que Mikhaïl Gorbatchev s'acquittait très consciencieusement de ces devoirs — ainsi d'ailleurs que Raïssa Gorbatcheva, car la présence de l'épouse était de rigueur. Pour les éminents visiteurs venus de Moscou, les Gorbatchev n'étaient plus des inconnus, et leurs relations n'allaient pas tarder à devenir plus étroites.

Un homme, en particulier, reconnut que ce jeune cadre politique possédait des qualités qui le destinaient à de hautes fonctions : l'inaccessible Iouri Andropov en personne, chef du K.G.B. pendant l'ère Brejnev. Andropov devint au cours des années le protecteur de Raïssa Maximovna et de Mikhaïl Gorbatchev. Il est en effet avéré que, si Andropov appréciait les capacités intellectuelles de Mikhaïl, il fut tout autant impressionné par Raïssa. Pour ce membre de la vieille garde moscovite, elle représentait le type de la femme moderne, qui, grâce à sa formation universitaire, ne reste pas dans l'ombre de son mari, et peut elle aussi jouer un rôle dans la société. Une femme capable de soutenir efficacement son mari, et qui ne devient jamais une entrave à sa carrière. Il n'est pas exclu que Raïssa Maximovna ait évoqué pour lui Nadejda Kroupskaïa, sans laquelle Lénine n'aurait peut-être jamais pu mener sa tâche à bien. Mais, pour le moment, les Gorbatchev n'avaient atteint que le premier échelon de l'échelle du pouvoir.

A Stavropol, Mikhaïl fut d'abord nommé directeur adjoint de la section « agit-prop » (agitation et propagande) du comité du Komsomol. Raïssa, elle, fut chargée d'enseigner la philosophie à l'Institut agronomique. Les renseignements à ce sujet sont d'ailleurs divergents ; certains disent qu'elle enseignait dans une école normale d'instituteurs, tandis que d'autres parlent d'un institut pédagogique supérieur. Toujours est-il que Raïssa n'avait pas posé sa candidature à ce poste, qui lui fut attribué d'office par Moscou. Il s'agissait en fait d'un compromis : comme elle avait étudié la philosophie, elle devait enseigner cette matière. Au début, elle fut chargée d'organiser les groupes de travail, tâche subalterne mais néanmoins très prenante.

Plus de trente ans après, son amie Lydia se souvient des années de Stavropol : « Raïssa travaillait toujours énormément : elle avait un sens inné des responsabilités. Lorsqu'elle organisait les séminaires, et par la suite lorsqu'elle fut chargée de cours, elle amenait chez elle des montagnes de livres. Encore et toujours, il était question d'un dernier travail à faire, d'un dernier livre à lire, d'un cours qu'il fallait préparer. Il faut, il faut, il faut : chez elle, l'on n'entendait que cela... » Les soins du ménage, les heures consacrées à Mikhaïl, la préparation des cours et des conférences... il fallait certainement à Raïssa une discipline de fer pour mener toutes ces tâches de front.

Tous les jours ou presque, Raïssa Maximovna se rendait

au marché, moins pour participer aux commérages locaux que pour se procurer la nourriture quotidienne. Les Gorbatchev n'ayant pas de jardin, ils devaient tout acheter, et le marché était bien mieux approvisionné que les magasins. Les prix étaient abordables, car la terre fertile de Russie méridionale produisait davantage de surplus que dans bien d'autres régions. Les bergers des contreforts du Caucase venaient vendre de la viande, du lait et des fromages ; nombre d'anciens villages de cosaques s'étaient spécialisés dans l'élevage. Pour Raïssa, cette abondance compensait peut-être un peu tout ce qu'elle avait perdu en quittant la capitale. Elle appréciait surtout la richesse du pays en fruits et en légumes, qui correspondait à sa conception d'une alimentation saine. Contrairement à la ménagère russe traditionnelle, Raïssa n'a jamais aimé les plats riches en graisse.

La situation matérielle des Gorbatchev s'améliora un peu lorsque Mikhaïl Sergueïevitch monta d'un degré dans la nomenklatura : il fut nommé premier secrétaire du comité du Komsomol de Stavropol. Il disposait maintenant d'une voiture de fonction, grâce à laquelle Raïssa perdait moins de temps pour faire les courses. Pourtant, Raïssa ne pouvait s'empêcher de comparer encore et toujours la somnolente, et à ses yeux rétrograde, Stavropol aux infinies possibilités qu'offrait Moscou, même à des étudiants souffrant d'un chronique manque d'argent.

Mikhaïl Sergueïevitch s'adapta plus facilement que sa femme à leurs nouvelles conditions de vie. Dans un sens, il se retrouvait chez lui : c'était le pays de son enfance. Il avait certes apprécié les années moscovites, mais pour lui, ce n'avait été qu'un intermède. La léthargie de Stavropol ne le dérangeait pas. Son travail suffisait à le combler ; il n'avait guère d'autres intérêts. Au cours de ces premières années, il arrivait souvent à Raïssa de réagir vivement à l'indifférence de son mari. Elle exerçait en fait une double influence sur Mikhaïl : d'une part, poussée par son ambition, elle l'encourageait à travailler dur et à ne pas se contenter de ce qu'il avait obtenu ; de l'autre, elle lui faisait entendre que le travail était sans doute important, mais qu'il n'y avait pas que cela dans la vie. Rétrospectivement, il paraît évident que Raïssa Maximovna a joué un grand rôle dans la carrière de l'actuel chef du Kremlin. Il serait vain de spéculer sur ce qu'aurait été l'évolution de Mikhaïl Gorbatchev sans l'intransigeance de sa femme. Il est en tout état de cause certain qu'elle a exercé sur lui une influence qui ne saurait être sous-estimée : elle a éveillé ses capacités latentes et a sans doute contribué à construire sa personnalité et sa carrière.

La voiture de fonction n'était pas le seul avantage lié aux nouvelles fonctions de Mikhaïl Sergueïevitch. Sa femme et lui purent emménager dans un appartement confortable. Les portes des magasins réservés à la nomenklatura s'ouvrirent pour eux. Le problème des vacances fut lui aussi résolu. Au cours de leurs premières années à Stavropol, les Gorbatchev n'étaient pas autorisés à quitter la ville, ce que Raïssa, en particulier, ressentait très durement. Le nouveau statut de Mikhaïl Sergueïevitch leur donnait accès aux lieux de villégiature les plus prestigieux.

Les vacances, ainsi que quelques rares voyages à Moscou, à l'occasion desquels Raïssa pouvait accompagner son mari, étaient leurs seules distractions ; le reste de l'année était consacré au travail. Du matin au soir, Mikhaïl était au bureau ou s'occupait des personnalités dont il avait la charge, tandis que Raïssa devait veiller aux nécessités de la vie quotidienne. La solitude de ces premières années à Stavropol est pour elle un mauvais souvenir, qu'elle n'aime pas faire revivre.

1958 fut une date importante dans la vie des Gorbatchev, et en particulier de Raïssa Maximovna : le 6 janvier, elle donna naissance à une fille, qui reçut les noms de Irina Mikhaïlovna.

Le célèbre journaliste et écrivain russe du XIXe siècle, Alexandre Herzen, a dit que, lorsqu'une femme a un enfant, cela lui assure automatiquement une position dans la société, car la maternité est le principal rôle social de la femme. Cette vision des choses contrastait vivement avec la réalité soviétique. Pour des millions de femmes, la joie de la maternité s'effaçait devant les nécessités de la vie quotidienne, devant la lutte incessante pour vivre décemment, ou simplement pour subsister. Peu de mères pouvaient se payer le luxe d'interrompre leur activité professionnelle après la naissance d'un enfant. Ce n'était pas seulement une question d'argent : pour obtenir des bons d'achat et des tickets de ravitaillement, il fallait exercer un emploi. Quiconque ne travaillait pas devait se contenter d'une assistance souvent insuffisante. Seules de rares femmes avaient le sentiment que la maternité leur assurait une « position dans la société ».

Raïssa avait le privilège de pouvoir s'occuper de sa fille sans trop penser aux soucis quotidiens. Elle le devait bien sûr à la situation de son mari, qui faisait partie de la nomenklatura, bien que sa position fût encore relativement modeste. Les avantages dont elle jouissait n'étaient d'ailleurs valables que dans la région de Stavropol. Des amies racontent qu'à Moscou l'épouse du premier secrétaire régional du Komsomol devait faire la queue comme tout le monde devant le magasin de vêtements pour enfants « Detski Mir » pour obtenir des barboteuses ou des couches. Souvent, après une longue attente, il lui arrivait de repartir les mains vides car les stocks étaient épuisés.

Raïssa Maximovna était une de ces mères qui savent

faire régner la discipline sans jamais crier ou s'énerver. Des amies se souviennent encore avec amusement d'un incident survenu un 8 mars, Journée internationale des femmes. Lors d'une réception à laquelle les enfants avaient le droit d'assister, il y avait un buffet bien garni. Avant même le début des discours de rigueur, Irina s'était précipitée sur les friandises sans se préoccuper des autres. Sans perdre son calme, Raïssa appela sa fille d'un ton sec. Instantanément, la petite Irina lâcha ce qu'elle avait dans la main et alla se cacher dans les coulisses. Raïssa n'avait pas fait un seul geste ; un mot avait suffi.

Mais il ne faut pas s'y méprendre : par l'ensemble de son comportement et de son style de vie, l'épouse de l'actuel chef du Kremlin n'est absolument pas typique de la femme russe. En Union soviétique, il est impossible à la grande majorité des femmes de suivre son exemple. Raïssa restera sans doute encore longtemps un idéal inaccessible. La sympathie — même relative en ces temps troublés — dont son mari jouit dans le pays ne se reporte pas automatiquement sur elle. L'ouvrière ou la kolkhozienne que Raïssa rencontre au cours de ses déplacements la considèrent généralement avec envie. Cette femme, qui devrait constituer un exemple, est trop différente, trop lointaine. Les vêtements et accessoires qu'elle porte sont introuvables, même dans les plus grands magasins de la capitale. Lors d'une visite des Gorbatchev à Krasnoïarsk — l'anecdote est authentique — des femmes ont commenté avec une amère ironie le comportement de Raïssa, qui avait changé deux fois de toilette, alors qu'elles-mêmes avaient en tout et pour tout deux robes à se mettre.

Après la naissance d'Irina, Raïssa Maximovna se mit à mener une vie un peu plus gaie. Elle était de plus en plus souvent invitée à des excursions dans les montagnes du Caucase ou sur les plages de la mer Noire. Elle y retrouvait toujours les mêmes personnes ; la nomenklatura avait ses propres lois concernant les fréquentations « autorisées » ou non. Lydia Boudyka, une amie de Raïssa, n'en a pas moins gardé un bon souvenir de cette époque : « Comme souvent en province, la vie était plus libre, moins guindée qu'en ville. Par son travail au Komsomol, puis au Parti, Mikhaïl connaissait beaucoup de monde. Les relations étaient faciles, l'atmosphère était gaie et animée ; vous connaissez les jeunes... Les jours de fête, nous faisions les choses comme il faut, et les amis venaient nombreux. Nous recevions aussi à tour de rôle, pour écouter de la musique. Après le travail, nous nous retrouvions chez les uns ou chez les autres ; les femmes préparaient des *pelmeni* (sorte de chaussons farcis de viande) ; les hommes nous donnaient un coup de main. C'était une vie agréable, dénuée de contraintes et d'hypocrisie. »

Lydia Alexandrovna Boudyka connaît Raïssa depuis de longues années. Je l'ai souvent interviewée — mais les informations qu'elle pouvait me donner se révélaient souvent assez limitées. La plupart de nos interviews ou conversations exigeaient une confirmation de la part de Raïssa. Cela posait des problèmes, car Raïssa n'était pas toujours disponible, ou Lydia ne réussissait pas à la joindre ; parfois aussi, Raïssa se refusait à donner certains renseignements, ou ne voulait pas que tel ou tel épisode de sa vie fût porté à la connaissance du public. Lydia Boudyka est pédiatre ; elle a régulièrement soigné Irina lorsque celle-ci était malade. A l'époque où les Gorbatchev vivaient à Stavropol, le mari de Lydia était secrétaire aux questions agricoles ; de longues années durant, les deux couples ont été très proches. Leur amitié dure toujours, bien qu'ils se voient moins souvent, et que Lydia soit obligée d'appeler à plusieurs reprises pour avoir Raïssa au téléphone.

Ils avaient fait connaissance au lac de Sengilevskoïe.

« C'était un dimanche », se souvient Lydia. « Nos maris nous y avaient emmenées pour passer quelques heures de détente. C'est tout près de Stavropol, peut-être une dizaine de kilomètres. Comme nos maris travaillaient ensemble, il était inévitable que nous nous rencontrions. Par la suite, nous y avons souvent passé de merveilleux dimanches avec les enfants.

« Je trouvais la compagnie des Gorbatchev très enrichissante. Ils étaient intelligents, d'une moralité irréprochable et fidèles à leurs principes. Nous avons passé des heures très agréables avec eux ; aujourd'hui encore, j'aime beaucoup les voir. Mikhaïl Sergueïevitch est quelqu'un d'assez étonnant, et Raïssa aussi. Avec eux, l'on peut parler de tout, même des sujets les plus épineux. A l'époque, à Stavropol, ils vivaient simplement, comme des gens ordinaires. Ils étaient sociables, et connaissaient énormément de monde. Cela a changé, bien sûr. Les hautes fonctions de Mikhaïl Sergueïevitch et l'énorme masse de travail qu'elles impliquent les obligent à mener une vie plus retirée. Raïssa n'en est pas moins restée une amie fidèle. Ce que je trouve le plus extraordinaire, c'est qu'elle n'a absolument pas changé à mon égard. Je peux lui dire en toute franchise mon opinion sur tel ou tel sujet, elle m'écoute toujours ; que nous soyons du même avis ou pas, cela ne change rien à nos relations, qui restent parfaitement franches et cordiales. »

A Stavropol, les Gorbatchev pouvaient donner libre cours à leur amour de la nature et des longues randonnées. Tous les dimanches, les fonctionnaires se faisaient conduire à la campagne dans leurs voitures, et faisaient de grandes marches, vingt ou trente kilomètres dans la journée. Tout le monde chantait, on plaisantait, on prenait des photos ; l'on s'arrêtait pour manger et pour boire : des pique-niques étaient préparés dans de grands paniers. Les amies de Raïssa parlent toutes de son excellente condition physique et de son endurance, surtout en montagne. Alors que la plupart des autres femmes haletaient et demandaient à interrompre l'excursion, Raïssa était toujours la première à vouloir aller jusqu'au bout.

Sur les photos de l'époque, elle incarne le type de la femme russe telle qu'on se l'imagine : solide et robuste, les jambes plutôt courtes, les cheveux châtains, un peu plus longs que maintenant et conservant des traces de mise en plis. Avec ses joues bien pleines, elle ne se distingue guère de ses corpulentes amies ; elle devait peser une dizaine de kilos de plus que maintenant. Raïssa était encore loin du « look » européen qu'elle devait adopter par la suite.

La plupart des femmes d'apparatchiks du Parti avec lesquelles Raïssa Maximovna passait ses après-midi et ses week-ends étaient nettement moins cultivées qu'elle. Elle se trouvait souvent contrainte de participer à des conversations futiles ou carrément ennuyeuses. Lorsqu'il était question de théâtre, l'on parlait moins des pièces, d'ailleurs souvent médiocres, ou de l'interprétation que de la garde-robe de telle ou telle invitée. Raïssa avait rarement l'occasion de fréquenter l'intelligentsia de Stavropol, qui comprenait surtout le corps enseignant de l'Institut d'agronomie, de l'Institut pédagogique et de l'École de médecine. Les « lois » de la nomenklatura n'autorisaient, en dehors du travail, que des contacts exceptionnels avec les membres de ces institutions. Surtout dans le domaine culturel, l'atmosphère était très conservatrice. Bien des choses admises depuis longtemps à Moscou, à Leningrad ou à Kiev étaient encore inconnues à Stavropol et dans d'autres villes de province.

L'on y trouvait, certes, la plupart des revues et journaux courants, ainsi qu'un certain nombre de livres ; et l'on pouvait se faire envoyer par des amis moscovites ceux qui étaient introuvables sur place. Le XXe Congrès du P.C.U.S. et l'éclatement du système stalinien sous Khrouchtchev avaient suscité un printemps culturel. Des livres interdits depuis de longues années étaient édités, un nombre croissant d'écrivains avait le courage de remettre le passé en question. Les poèmes d'Anna Akhmatova voyaient enfin le jour, ainsi que le journal de Blok ; Soljenitsyne et Granine révélaient la réalité du Goulag. C'était un fabuleux renouveau, après les interminables années d'oppression.

Raïssa Maximovna lisait beaucoup, mais elle ne trouvait personne avec qui discuter de ses lectures. Ses amis et connaissances ne partageaient ni ses goûts ni ses intérêts . il était impossible de parler sérieusement de littérature avec eux. Mikhaïl Sergueïevitch, par contre, était à tout le moins un auditeur attentif et patient. C'est à cette époque que furent prises des habitudes — un mode de comportement, si l'on préfère — qui subsistent jusqu'à ce jour. Raïssa lui parlait longuement des livres qu'elle avait lus, et lui suggérait quelques titres susceptibles de l'intéresser. Ces échanges maintenaient leur intelligence en éveil, et compensaient ce que les milieux étriqués de Stavropol ne pouvaient leur offrir.

Au fur et à mesure que Mikhaïl Sergueïevitch gravissait les échelons du pouvoir, Raïssa devenait plus solitaire. L'énergie de cette femme exceptionnelle, ses efforts incessants pour être au centre des événements et pour rencontrer des personnalités hors du commun s'expliquent en partie par les années de Stavropol, durant lesquelles il lui fut impossible d'affirmer sa nature active et créatrice. Après l'intense activité intellectuelle des années d'université, elle s'était retrouvée dans une petite ville de province — qui plus était, dans un milieu particulièrement rétrograde. Il est difficile de dire dans quelle mesure l'entrée dans cette caste lui causa des problèmes personnels. Ce que l'on sait, c'est que Raïssa Maximovna s'intégra à ce milieu, et accepta les « règles du jeu », qui étaient aussi nombreuses et contraignantes pour l'épouse d'un dirigeant du Parti que pour celui-ci.

Quelles étaient ces règles non écrites qui gouvernaient la vie de la nomenklatura ? En premier lieu, les jeunes et les nouveaux venus étaient hiérarchiquement subordonnés à leurs aînés. De même que le secrétaire du comité du Komsomol n'était pas l'égal du secrétaire du comité régional du Parti, sa femme était socialement subordonnée à l'épouse de ce fonctionnaire d'un rang supérieur. Que ce fût dans le cadre du travail ou pendant les loisirs, chacune devait tenir le rang qui lui revenait. Cet ordre hiérarchique et la subordination qu'il impliquait devaient être respectés en toutes circonstances. La moindre tentative de modifier cet état de choses entraînait de graves conséquences : la coupable était mise à l'écart par les autres, et la carrière de son mari s'en ressentait à coup sûr.

La seconde règle concernait les « fréquentations obligatoires ». Dictées par les exigences du travail et de la carrière, les relations des hommes ne dépassaient pas le cadre étroit de la nomenklatura ; celles des épouses se limitaient par conséquent au même milieu. La sympathie ou l'amitié n'entraient pas en ligne de compte. L'unique critère était l'ambition professionnelle. Lorsque l'épouse d'un supérieur de votre mari vous invitait à prendre le thé, il aurait été impensable de refuser, même si l'on savait que ce serait une après-midi mortelle. A l'inverse, il était impossible de proposer : « Allons donc chez les Petrov, leur conversation est toujours si passionnante », si les Petrov ne faisaient pas partie de vos « fréquentations obligatoires ». Tout était convenu à l'avance : il fallait accepter les invitations, ou recevoir. L'essentiel était de participer, de jouer le jeu.

Le troisième commandement de la vie sociale de Stavropol était : « Ne te fais jamais remarquer. » Cela concernait tout particulièrement la place des femmes lors des réceptions. Autour des tables surchargées de mets et de boissons, allocutions et discussions se succédaient interminablement. Quiconque prenait la parole commençait, comme le voulait la coutume, par porter un toast — et il convenait de ne pas être avare de mots — avant de vider les inévitables « sto gramm wodka » (cent grammes de vodka). Les femmes n'échappaient pas à cette coutume ; il fallait beaucoup d'entraînement pour se tenir à peu près droite jusqu'à la fin de la soirée. L'alcool n'était d'ailleurs pas la seule épreuve qui attendait les femmes. Elles n'avaient pas le droit de se mêler à la conversation des hommes. Il aurait été très mal vu de parler du travail de son mari, de faire allusion aux délibérations du gouvernement local, ou de commenter les décisions des organes supérieurs du Parti ou de l'État. Seuls les hommes avaient droit à la parole.

Pour une femme telle que Raïssa Maximovna, ce ne devait pas être facile, car elle ne pouvait jouer le rôle qui lui était assigné qu'en se dépouillant de sa personnalité. Souvent, elle bouillait d'envie de contredire les hommes aux pensées troublées par l'alcool, de parler à cette nomenklatura satisfaite de ce qu'elle avait vu dans les campagnes, de leur exposer, statistiques à l'appui, la véritable situation d'une population qui ne connaissait du communisme que les slogans idéalistes de Lénine et l'agitation de ses disciples emplis de suffisance, mais qui vivait à peine mieux que sous les tsars. Pourtant, Raïssa se taisait ; le moindre esclandre aurait signifié la fin de la carrière de Mikhaïl Sergueïevitch.

Raïssa faisait par contre bon usage des rares heures qu'elle passait en tête à tête avec son mari. Elle avait repris la préparation de sa thèse de doctorat et l'informait de ce qu'elle avait découvert sur les conditions de vie dans les campagnes, qui étaient fort éloignées de la société idéale chantée par le régime. Elle lui suggérait aussi des mesures d'urgence qu'il importait de prendre sans tarder. Son intérêt passionné pour les théories sociologiques et les problèmes sociaux concrets, sur lequel nous reviendrons, se refléta très tôt dans les décisions politiques de Mikhaïl Sergueïevitch. Dès le début de la carrière politique de son mari, Raïssa joua en quelque sorte auprès de lui le rôle de « premier conseiller » pour toutes les questions concernant les conditions de vie de la population. Seule la nécessité l'avait conduite à se plier aux règles de la nomenklatura de Stavropol, qui ne réussit toutefois jamais à étouffer son esprit. Elle ne perdit jamais le sens de ce qui était indispensable et réalisable, même si elle ne pouvait, par la force des choses, discuter de l'essentiel qu'avec son mari.

Mais revenons une fois encore à la Stavropol des années cinquante — aux règles et coutumes qui dictaient la vie des notables du Parti. Il n'y avait pas que des tabous, mais aussi des principes qui avaient un effet bénéfique sur la vie en société, notamment le sens de l'hospitalité. Dans leur cercle fermé, inaccessible aux gens de l'extérieur, les familles de fonctionnaires se rendaient fréquemment visite — et il était de coutume de recevoir somptueusement. L'on n'invitait pas seulement à prendre le thé et des *pirogi*, mais aussi à passer la journée entière, avec le déjeuner de midi et surtout un dîner particulièrement abondant, soigné et bien arrosé. La région de Stavropol produit un fort bon vin, mais les crus de la proche Géorgie étaient également très appréciés.

Ceux qui recevaient n'avaient en général pas de problèmes pour se procurer les denrées nécessaires à la préparation de ces repas, qui réunissaient souvent un grand nombre d'invités. Pratiquement tous les fonctionnaires d'un certain rang connaissaient des dirigeants de kolkhozes ou des secrétaires des organisations rurales du Komsomol ou du Parti. L'entraide entre fonctionnaires des campagnes et des villes était une des autres règles non écrites de la nomenklatura : le réseau d'approvisionnement fonctionnait sans accrocs. Aux livraisons régulières de viandes, de volailles, de fruits et de légumes venaient s'ajouter des produits saisonniers particulièrement appréciés. En automne, par exemple, le poisson abondait dans les rivières de la région. L'hiver, les fonctionnaires des villages faisaient préparer à l'intention de leurs collègues de Stavropol un saucisson à l'ail particulièrement délicieux, à base de viande de mouton de premier choix.

Les membres de la nomenklatura ne connaissaient donc jamais le besoin, même lorsque de mauvaises récoltes rendaient la situation difficile pour le reste de la population. Les celliers des privilégiés restaient toujours bien garnis; dans ce domaine aussi, la coupure entre les fonctionnaires et le peuple était totale. La conservation des aliments ne posait pas davantage de problèmes. Les réfrigérateurs étaient certes inconnus à l'époque, mais les maisons disposaient de caves profondes permettant de garder les produits au frais.

La table des Gorbatchev était elle aussi bien garnie en ces années, surtout lorsqu'ils étaient obligés de recevoir. Les jours de fête — le 1er Mai, le 7 Novembre (fête de la Révolution), le 1er Janvier (date à laquelle l'on célèbre Noël en Russie) — ou pour les anniversaires de membres de la famille, il ne leur manquait rien pour faire honneur à leurs hôtes.

Les privilèges de cette petite élite ne s'arrêtaient pas là. En ces années, être bien habillées ou suivre la mode était pour les femmes russes un rêve inaccessible ; dans les magasins, les tissus étaient rares, et le choix limité. De nouveau, les femmes de fonctionnaires étaient mieux loties que les autres. Après tout, elles devaient faire honneur à leurs maris — plus précisément, à la fonction qu'ils exerçaient. Et de nouveau, chacune devait tenir son rang. En d'autres termes, la fonction du mari déterminait ce qu'elle pouvait porter : l'épouse d'un fonctionnaire subalterne ne devait pas être plus élégante que celle d'un fonctionnaire d'un rang plus élevé. Dans ce domaine aussi, gare à qui ne respectait pas l'ordre hiérarchique ! L'habillement était d'ailleurs fort monotone ; il était bien rare de pouvoir y apporter une touche personnelle.

Si la mode féminine était caractérisée par sa monotonie, la mode masculine l'était par une uniformité absolue. En automne, en hiver et au printemps, Mikhaïl Sergueïevitch et ses camarades portaient invariablement des complets de gabardine bleu marine, gris foncé ou noirs. Les longs et lourds pardessus d'hiver étaient eux aussi de couleur sombre, avec un col en fourrure. La chapka de fourrure était également de rigueur ; à la belle saison, elle était remplacée par un chapeau mou informe. L'été, les fonctionnaires troquaient leur complet foncé contre un complet gris clair, obligatoirement porté avec chemise blanche et cravate. S'il faisait très chaud, un chapeau de paille les protégeait du soleil.

Sur les photos de l'époque, Raïssa porte, l'hiver, un manteau molletonné garni de fourrure au col et aux manches. Elle est coiffée d'une chapka, inclinée de façon fort coquine, et chaussée de bottines en daim, ou doublées de fourrure. Jusqu'à la fin des années soixante, les femmes russes ne portaient pas de bottes d'hiver. Ce n'était pas une question de mode : tout simplement, cet article n'existait pas en U.R.S.S. !

Le jour, Raïssa portait généralement un tailleur strict et un corsage blanc orné d'une broche de prix. Les robes du soir, sombres et discrètes, étaient souvent en brocart ou en velours. L'été étant très chaud dans la région de Stavropol, l'habillement était alors dicté par le climat : tailleurs et robes dans des tons clairs ou des couleurs vives, en harmonie avec le paysage riant ; les robes, fort pudiques, n'étaient bien entendu pas décolletées.

Il n'était pas question que les épouses de fonctionnaires d'un certain rang s'habillent en prêt-à-porter (lequel était d'ailleurs fort rare à l'époque). Toute leur garde-robe était faite sur mesure. Il en allait de même pour les chaussures. Ces privilégiées ne dépendaient pas de l'approvisionnement précaire des magasins. Dans toutes les régions de l'Union soviétique, il existait de petites manufactures de chaussures dont la production était exclusivement réservée à l'élite du régime. A Stavropol, l'on tenait même compte des goûts et des souhaits des clients et surtout des clientes. Presque toujours, les femmes devaient trouver elles-mêmes leur style : il n'y avait pas encore de revues de mode, et la vie dans cette province relativement isolée n'autorisait guère la comparaison avec ce qui se faisait ailleurs. Chacune portait donc ce qui lui plaisait, que ce fût ou non « à la mode », si tant est que ce terme eût un sens à l'époque. L'essentiel était de ne pas s'habiller exactement comme les autres. A cause de la monotonie de la vie provinciale et d'un régime trop riche, sans oublier les fréquents excès de table, la plupart des femmes de fonctionnaires avaient une certaine tendance à la rondeur, qui imposait des limites à l'élégance. Comme nous l'avons déjà vu, Raïssa tenait à une alimentation saine et équilibrée ; pourtant, sur les photos de l'époque, sa silhouette n'est pas très différente de celle des autres femmes, même si elle a pu éviter le pire. Les réceptions et les banquets avaient manifestement laissé leur trace.

Parallèlement à une relative libéralisation de la vie politique, le XXe Congrès du P.C.U.S. améliora certains aspects de la vie quotidienne. Il était un peu plus facile d'aller à Moscou, et les relations avec les républiques voisines s'intensifièrent. Il arrivait de plus en plus souvent, aussi, que des fonctionnaires de province soient envoyés en mission dans d'autres pays socialistes. Les normes locales n'étaient plus l'unique critère du goût dans les provinces. Les nouveaux mots d'ordre étaient : ouverture sur l'extérieur et comparaison. La couche dirigeante de Stavropol se rendit elle aussi compte que dans bien des « pays frères » le niveau de vie était plus élevé que dans leur région, et que les femmes de toute condition s'y habillaient mieux qu'en U.R.S.S.

Un autre facteur favorisait également un changement des mœurs provinciales : depuis la fin de la Seconde Guerre mondiale, des troupes soviétiques étaient stationnées dans les pays du bloc oriental afin d'y assurer la continuité du régime communiste. Les officiers avaient été autorisés à faire venir leurs familles, et leurs femmes racontaient parfois des histoires extraordinaires. En dépit de la pénurie qui régnait au lendemain de la guerre, l'on pouvait y acheter des articles totalement inconnus en Union soviétique, au point qu'il était pratiquement impossible de décrire leur fonction. Les femmes qui avaient vécu en R.D.A., en particulier, ramenaient dans leurs valises de véritables trésors, qui excitaient la convoitise de leurs amies et connaissances coupées de tout contact avec l'extérieur. Les familles de fonctionnaires passaient leurs congés dans les mêmes maisons de cure et centres de vacances, se faisaient soigner dans les mêmes cliniques réservées à leur caste, habitaient des logements semblables dont le mobilier sortait de la même usine. Les enfants fréquentaient les mêmes écoles pour privilégiés, où ils étaient conduits dans les voitures de fonction de leurs pères. Ils constituaient en quelque sorte la relève, la prochaine génération de fonctionnaires et de cadres politiques : à de rares exceptions près, le système fonctionnait en circuit fermé.

Sans être comparable à ce qui se faisait en Occident à l'époque, l'appartement des Gorbatchev était fonctionnel et correspondait parfaitement à leur statut social. Le mobilier était bien entendu standardisé, mais les Gorbatchev y avaient mis leur empreinte personnelle. D'une part, il y avait un piano, devant lequel leur fille Irina allait plus tard passer de longues heures. Et il y avait des livres partout — inutile de préciser que c'était surtout le fait de Raïssa. L'appartement, du séjour à la chambre des parents, ressemblait à une bibliothèque. La jeune femme veillait scrupuleusement à rendre les livres qu'elle avait empruntés. Elle se tenait régulièrement au courant des dernières parutions. Elle aurait bien entendu pu prendre des livres à la bibliothèque de la ville, mais, selon ses amies, on la voyait bien plus souvent dans les librairies. Raïssa n'achetait pas seulement les ouvrages nécessaires à ses études, mais tout autant des romans, nouvelles et essais. Tous les soirs, elle lisait au moins quelques pages.

Les Gorbatchev disposaient d'une petite datcha dans un domaine situé non loin de Stavropol, au cœur d'une ravissante région boisée. Tous les fonctionnaires y avaient une maison, dont l'importance et le confort dépendaient de leur statut. Comme toujours, la hiérarchie était rigoureusement respectée. La datcha attribuée à Mikhaïl Sergueïevitch alors qu'il était premier secrétaire du comité du Komsomol était nettement plus modeste que celles des cadres du Parti. Mais les Gorbatchev eurent bientôt droit à des datchas de plus en plus spacieuses et confortables.

Quinze ans après son retour dans la région de Stavropol, Mikhaïl atteignit le sommet de la hiérarchie locale en devenant premier secrétaire du comité régional du P.C.U.S., ce qui le plaçait à la tête d'un territoire aussi étendu que le Benelux. Ses pouvoirs n'étaient certes en rien comparables à ceux dont disposait un Secrétaire général à Moscou. La structure de son administration était par contre calquée sur le modèle moscovite. Le premier secrétaire exerçait un pouvoir absolu sur sa région. Rien ne pouvait se faire sans son accord, rien ne lui échappait. Il n'avait de comptes à rendre qu'à la direction moscovite, dont il était le représentant et dont il appliquait les directives sur le territoire qui lui était confié. Mais, dans les faits, l'on n'oubliait jamais la maxime : Moscou est loin, et il est impossible de tout contrôler. Mikhaïl Gorbatchev aurait-il abusé des pouvoirs que lui donnaient les hautes fonctions qu'il exerçait à Stavropol ? Il n'y a aucune raison de le penser. Il est incontestable (et d'ailleurs incontesté) que ses principes étaient déjà ceux qui devaient si fortement marquer son style personnel lorsqu'il devint le chef du Kremlin. Bien plus que ses prédécesseurs, il mit ses capacités au service du peuple. A Stavropol, il eut largement l'occasion de mettre à l'épreuve ce qu'il allait plus tard réaliser à Moscou. Il était et reste pourtant prisonnier des structures dogmatiques établies par le régime totalitaire. A Moscou comme à Stavropol, il a pu lutter contre la corruption et rester lui-même intègre, mais il n'a toujours pas réussi à briser le rigide système soviétique.

L'ascension de Mikhaïl Sergueïevitch eut pour corollaire celle de sa femme Raïssa Maximovna. Devenue la première dame de la région de Stavropol, elle donnait le ton dans la société féminine, et attirait tous les regards. Inévitablement, elle était entourée de flagorneurs (espèce prospère, autant dans les sociétés communistes qu'ailleurs), qui espéraient tirer des avantages personnels de leurs relations avec la famille du premier secrétaire. Dans l'Union soviétique de cette époque, l'aspiration au confort matériel était de plus en plus forte, surtout dans l'appareil du Parti. Nombreux étaient ceux qui tentaient d'obtenir des privilèges ou la protection d'un haut dirigeant du Parti. Cette tendance s'accentua à l'époque du grand règlement de comptes avec Staline et le système qu'il avait légué au pays. Des décennies durant, Staline avait prêché l'ascèse, puis il y avait eu les dures années de guerre et leurs privations. Maintenant que la situation du pays s'était un peu améliorée, les fonctionnaires voulaient enfin avoir leur part du gâteau. Les années Brejnev, de 1964 à 1982, favorisèrent cette attitude au sein de la caste dirigeante. La corruption se répandait à une vitesse incroyable dans le pays. Puisqu'il semblait impossible de conduire la population entière vers l'avenir radieux promis par le communisme, l'on voulait au moins avoir soi-même un avant-goût du paradis. L'aisance matérielle des cadres du Parti et des groupements d'intérêts organisés selon des règles rappelant celles de la mafia contrastait vivement avec l'indescriptible misère de larges couches de la population. Dans cette société qui se disait communiste, l'écart entre riches et pauvres était de plus en plus flagrant.

Mikhaïl Sergueïevitch Gorbatchev appartenait à la génération des « seigneurs terriens » qui commençaient à accéder au pouvoir en ces années. Il fallait sans conteste une grande force de caractère pour résister aux multiples tentations. Si le communisme signifiait l'égalité de tous les hommes, il fallait commencer par donner l'exemple en refusant les privilèges, en ne s'accordant que ce qu'on était prêt à accorder aux autres. Les Gorbatchev, et en particulier Raïssa, étaient quotidiennement exposés à ce conflit entre intérêt personnel et fidélité aux principes. Tous les jours, elle recevait plusieurs offres qui auraient pu rendre son existence plus agréable encore. Accepter aurait été mettre le doigt dans l'engrenage de la corruption et de la vénalité. Il n'est pas absolument exclu que Raïssa Maximovna ait à l'occasion accepté tel ou tel cadeau, ou contribué à protéger certains agissements ou certaines personnes. Par ailleurs, si les journaux ont à maintes reprises lavé les Gorbatchev de tout soupçon de vénalité, ce n'est pas seulement dû à l'aura de l'actuel numéro un soviétique. Selon toute probabilité, ils sont restés intègres.

On ne change pas le caractère d'un homme du jour au lendemain, et les divers moyens de pression et représailles jadis utilisés pour « blanchir » les biographies des puissants n'ont plus cours depuis longtemps. Aussi, je suis presque certaine de l'authenticité de l'anecdote suivante, qui m'a été rapportée au cours de mes recherches. A Platigorsk, petite ville proche de Stavropol, se trouve une confiserie industrielle qui fabrique des produits de première qualité. Le directeur avait pris l'habitude d'envoyer régulièrement au premier secrétaire un large échantillonnage de chocolats et de confiseries à des fins de « dégustation » ; il s'agissait bien entendu d'une forme déguisée de corruption. Chaque fois, Gorbatchev aurait renvoyé le paquet au personnel de l'entreprise, en lui souhaitant « bon appétit » pour déguster sa propre production.

Les Gorbatchev avaient donc une attitude fort réservée à l'égard de ce genre de cadeau, ce qui ne les empêchait pas de profiter pleinement des avantages liés à leur statut. Leurs prédécesseurs avaient veillé à s'assurer une existence agréable et dénuée de soucis matériels, même dans des circonstances « normales ».

La famille quitta son appartement de quelque deux cents mètres carrés pour emménager dans une vaste maison située dans une rue calme du centre de Stavropol. Construite en brique ornée de stuc, elle était peinte de couleurs claires, dans le style traditionnel de la Russie méridionale, et entourée d'un petit jardin fleuri. Au rez-de-chaussée se trouvaient la cuisine, l'office et la salle à manger, ainsi que des chambres d'ami. A l'étage il y avait un cabinet de travail, la chambre de maître et une bibliothèque.

Au début des années soixante-dix apparurent sur tout le territoire de l'Union soviétique des magasins spéciaux destinés aux membres de la nomenklatura. L'on y trouvait, à des prix très bas car ils étaient subventionnés par l'État, des marchandises d'importation : vêtements, chaussures, appareils ménagers, articles de loisir. Ils étaient réservés à une minuscule élite, comme en témoigne l'exemple de Stavropol, où pas plus de cent personnes n'y avaient accès. Au fil des années, ces « boutiques pour cadres » étaient de mieux en mieux approvisionnées, car l'Union soviétique disposait depuis le début de la décennie d'importantes entrées de devises grâce à ses ventes de pétrole et de gaz naturel aux pays occidentaux. L'accroissement des opérations de compensation — en fait, une sorte de troc, l'acheteur payant en marchandises — contribuait lui aussi à emplir les rayons de ces magasins.

Plus de la moitié de ces articles si convoités venait de Finlande. Les Finlandais avaient rapidement compris que le marché soviétique permettait d'écouler des marchandises invendables ailleurs. Les vêtements finlandais sont en général agréables et pratiques, et souvent de bonne qualité, mais, à l'exception peut-être des vestons et pardessus pour hommes, ils paraissent assez démodés. La Finlande exportait principalement vers l'Union soviétique des chaussures, des robes et des complets d'allure très « provinciale », dont la plupart étaient de surcroît en tissu synthétique peu adapté au climat des régions méridionales. Ces articles n'en connaissaient pas moins un grand succès ; le « standing » des couches supérieures exigeait de s'exhiber dans ces vêtements inaccessibles au reste de la population.

En ces années soixante-dix, l'approvisionnement quotidien des membres de la nomenklatura s'améliora lui aussi considérablement. Auparavant, les employés, voire la maîtresse de maison elle-même, allaient faire les courses dans les magasins d'État ou sur les marchés. Il existait maintenant des magasins d'alimentation eux aussi réservés à l'élite du régime. La production de centaines d'entreprises agricoles récemment créées était exclusivement destinée à ces magasins. Les prix étaient symboliques ; un kilo de filet de bœuf coûtait vingt fois moins cher que dans un magasin d'État ordinaire — où il était d'ailleurs depuis longtemps impossible de trouver de la viande de cette qualité. Les fruits et légumes étaient vendus au dixième du prix normal. De Moscou aux régions les plus retirées du territoire soviétique, la nomenklatura disposait maintenant d'un réseau de distribution perfectionné qui lui permettait de vivre dans l'abondance à peu de frais.

Un autre avantage de la nouvelle position de Mikhaïl Sergueïevitch était l'accès à des soins médicaux de haute qualité. Le premier secrétaire et sa famille relevaient maintenant de la 4e division du ministère de la Santé. Ce service est responsable des soins dispensés aux plus hauts dirigeants du pays : membres du Politburo et du comité central du Parti, ministres et généraux... En province, seuls les premiers secrétaires des comités régionaux ou territoriaux du Parti bénéficiaient de ce privilège. C'était somme toute logique : de par leurs fonctions, ils étaient des membres en puissance du comité central du Parti. Une fois par an, Mikhaïl Sergueïevitch, Raïssa Maximovna et leur fille Irina se faisaient établir un bilan de santé complet à la clinique centrale de la 4e division, qui se trouvait à Moscou, avenue Roublev. Cela permettait de régler automatiquement nombre de petits problèmes, comme celui de trouver des médicaments ou, dans le cas de Mikhaïl, de bonnes montures de lunettes.

L'affiliation à cette clinique donnait également accès à un important réseau de centres de cure et de repos qui couvrait le pays entier, des régions orientales à la Baltique, de l'extrême nord aux côtes de la mer Noire. Pendant l'ère Brejnev, leur nombre s'accrut régulièrement, mais les plus appréciés restaient les somptueux établissements en marbre et pierre de couleur construits sous Staline dans le sud du pays.

Au début des années soixante-dix, les Gorbatchev passèrent pour la première fois leurs vacances dans une station climatique de Crimée, Oreanda, déjà fréquentée par l'aristocratie au siècle dernier. La maison de cure où ils séjournèrent, « Nichnaïa Oreanda », existe toujours. C'est un luxueux bâtiment de quatre étages en pierre jaune pâle et rose ; la vaste véranda et les balcons des chambres sont en marbre, des rosiers y poussent dans des vasques de pierre. En dépit de la chaleur estivale, les chambres sont d'une agréable fraîcheur. Les lourdes portes en chêne s'ouvrent automatiquement. Le personnel trié sur le volet est discret et efficace. Dans le splendide parc qui descend jusqu'à la mer, les allées gravillonnées sont soigneusement ratissées. Les meilleurs paysagistes du pays en ont fait un lieu idyllique ; au milieu de la végétation méridionale coulent des rivières au bord desquelles se trouvent de petits pavillons couverts de vignes. La plage privée est équipée de transats et de cabines permettant de s'abriter du soleil, qui est très fort dans cette région au climat subtropical. Contrairement aux plages de Yalta et de Sotchi, stations balnéaires ouvertes au « commun des mortels », celle d'Oreanda est resplendissante de propreté. Sur la plage, un salon de thé sert des rafraîchissements et de délicieuses pâtisseries.

La maison de cure dispose d'un équipement moderne et bien conçu, et d'un personnel hautement qualifié : médecins, spécialistes, infirmières, masseurs et kinésithérapeutes. Dans le parc, des fléchages indiquent des itinéraires de randonnée plus ou moins longs, afin que chacun puisse faire de la marche, exercice particulièrement bénéfique pour le cœur et la circulation, selon ses capacités ou les indications du médecin. Comme il est de tradition en Russie, la cuisine est généreuse ; le menu offre le choix entre plus de vingt-cinq plats que l'on peut combiner suivant ses goûts personnels ou en tenant compte des recommandations du diététicien. Les Gorbatchev furent tellement enchantés de ce premier séjour à Oreanda qu'ils y revinrent régulièrement. Ils y restaient habituellement quatre semaines, durée suffisante pour une cure préventive efficace.

Les plus prestigieuses stations climatiques et les meilleures maisons de cure du pays étaient donc ouvertes au nouveau premier secrétaire du comité régional de Stavropol. Les Gorbatchev avaient également la possibilité d'aller en vacances à l'étranger, y compris dans des pays non communistes. Moscou autorisait de plus en plus souvent les cadres provinciaux du Parti à séjourner dans des établissements appartenant à des partis communistes occidentaux. Peu après l'entrée en fonctions de Mikhaïl Sergueïevitch, les Gorbatchev purent ainsi passer quelques semaines au bord de la Méditerranée, en tant qu'hôtes du parti communiste italien.

Aujourd'hui encore, les partis communistes occidentaux accueillent des cadres politiques soviétiques dans leurs cliniques et centres de vacances. Par mesure de sécurité, les fonctionnaires les plus haut placés — membres du Politburo, secrétaires du comité central, etc. — ne peuvent toutefois se rendre en Occident, sauf en cas d'urgence médicale. Ces dirigeants peuvent tout au plus aller dans les autres pays de l'Est, dans des centres strictement surveillés. Une destination particulièrement appréciée était la forêt de Thuringe, sans doute parce que la R.D.A. a longtemps été considérée comme le « paradis du consommateur » du bloc oriental. De plus, les hôtes de Moscou y étaient mieux accueillis que dans les autres pays frères. Dans la mesure du possible, tous leurs souhaits étaient exaucés, et ils pouvaient emplir leurs valises d'articles introuvables en Russie.

Tous ces agréments ne compensaient pas pour Raïssa Maximovna les inconvénients liés à son statut. Brejnev imposait à tous les hauts responsables un pénible isolement. Les nombreux privilèges dont bénéficiaient les membres de la nomenklatura devaient rester rigoureusement secrets. La caste dirigeante était plus que jamais séparée du peuple.

Pendant ces années où Mikhaïl Gorbatchev se trouvait à la tête de la région administrative de Stavropol, il était, ainsi que sa femme, de plus en plus coupé des réalités. Ce qu'ils disaient avait force de loi, et nul ne discutait leurs décisions. Personne n'aurait osé critiquer ouvertement les faits et gestes d'un premier secrétaire. Évidemment, les rumeurs ne manquaient pas, et Raïssa Maximovna était souvent la cible de commérages malveillants. Sa réaction était d'ailleurs parfaitement saine : elle s'occupait de sa famille et s'efforçait d'ignorer les ragots.

Pour échapper à cet isolement, Raïssa s'efforçait de trouver de nouvelles activités, notamment dans le domaine culturel. Depuis toujours, elle était passionnée de littérature et de théâtre ; pendant ses années d'université, elle était une habituée des salles de la capitale. A Stavropol, elle assistait à toutes les premières, et rencontrait régulièrement l'administrateur et les comédiens pour discuter du programme et des mises en scène, voire proposer de nouvelles pièces. Sa connaissance approfondie de la littérature, non seulement russe et soviétique, mais aussi mondiale, l'aidait beaucoup à cet égard. Ses projets n'aboutissaient évidemment pas toujours. Les possibilités d'un théâtre de province étaient limitées, les acteurs et les metteurs en scène n'étaient sans doute pas toujours ce que l'on aurait souhaité. Ceux qui avaient réellement du talent essayaient de se faire nommer dans les grands centres culturels du pays, à Moscou, Leningrad, Kiev, ou dans les capitales des républiques asiatiques. Il était bien plus facile d'y faire accepter des vues personnelles que dans une ville comme Stavropol, restée prisonnière de conceptions archaïques et par ailleurs dénuée de toute tradition culturelle. Cela se reflétait dans le goût du public, qui préférait les opérettes faciles ou de banales pièces « révolutionnaires » aux réalisations des auteurs et metteurs en scène d'avant-garde.

Sans se laisser décourager, Raïssa Maximovna persistait dans ses efforts pour sortir Stavropol de sa stagnation. Elle réussissait de plus en plus souvent à attirer des artistes nationalement connus, ne serait-ce que pour quelques représentations, à organiser des expositions... bref, à faire entrer la culture dans les mœurs. Il est difficile de dire si l'action de Raïssa a eu des effets durables. En tout état de cause, le nombre des spectateurs n'a cessé d'augmenter, tant pour le théâtre que pour la musique.

Raïssa se préoccupait également beaucoup de l'éducation de la population rurale. A l'occasion des études sociologiques qu'elle avait entreprises dans les villages de la région lorsqu'elle préparait sa thèse, elle avait pu constater à quel point la population était arriérée. Stavropol n'était certes pas un haut lieu de la culture, mais plus l'on s'éloignait de la capitale régionale, plus la situation était catastrophique. Vers le milieu des années soixante, quarante pour cent des familles de kolkhoziens comptaient un ou plusieurs membres qui n'avaient pas terminé leur scolarité, et savaient à peine lire et écrire. Dans ces circonstances, il n'était pas surprenant que les superstitions de toute sorte fussent encore très vivaces dans les campagnes.

Les villageois menaient une vie extrêmement dure. La journée de travail était habituellement de quinze heures ou davantage, ce qui s'expliquait notamment par la mécanisation très insuffisante de l'agriculture. Dans les campagnes, « loisirs » était un mot inconnu et les préoccupations d'ordre culturel étaient inexistantes. On ne lisait guère que le journal ; seuls les écoliers étudiaient quelques œuvres littéraires à l'école. Il était bien rare que cela suscite un intérêt durable pour la littérature après la fin de la scolarité, compte tenu des conditions de vie qui les attendaient.

Les études sociologiques de Raïssa Maximovna ont montré comment élever le niveau culturel des campagnes. Une condition essentielle était d'améliorer les conditions de vie et de travail. Ce processus n'est évidemment pas achevé. La vie des villages conserve souvent un caractère archaïque, bien que, grâce à la radio et à la télévision, l'on y soit mieux informé que jadis de ce qui se passe dans le monde.

Ces études faites sur le terrain ont permis à Raïssa Maximovna de se rendre compte qu'il ne suffisait pas d'enrichir les bibliothèques des villages pour initier les habitants aux trésors de la littérature et de l'art. Il fallait, presque littéralement, les prendre par la main et les guider. En grande partie grâce aux efforts de Raïssa, des villageois assistent régulièrement aux manifestations culturelles de la capitale régionale — théâtre, concerts, spectacles de variétés. Des autobus ou des véhicules appartenant aux kolkhozes eux-mêmes les amènent à Stavropol ; des excursions sont également organisées pour visiter musées, sites historiques ou paysages remarquables. Tout cela ne constituait certes pas une « révolution culturelle », mais elle avait montré la voie, en se limitant à ce qui était faisable avec les moyens disponibles ; cette leçon n'a toujours pas été oubliée. Le retard des campagnes était trop énorme pour pouvoir être rapidement comblé, mais l'action de Raïssa Maximovna n'a de ce point de vue pas été négligeable.

C'est à cette époque que l'influence de Raïssa Maximovna sur son mari apparut nettement. Elle réussit à faire partager à Mikhaïl Sergueïevitch sa conviction qu'il n'était pas parvenu au sommet de sa carrière. Il avait en effet tendance à s'estimer satisfait de sa situation de haut fonctionnaire du Parti. Il avait gravi les échelons de la hiérarchie bureaucratique en l'espace de quelques années, et occupé des positions que d'autres mettent une vie entière à atteindre, lorsqu'ils y parviennent. Raïssa était bien placée pour savoir que Mikhaïl avait des capacités hors du commun. Il était intelligent, il avait le sens des relations humaines, et il s'était montré incorruptible en dépit des multiples tentations auxquelles il était exposé.

Lorsqu'elle poussait son mari à viser des objectifs plus élevés, Raïssa pensait-elle déjà au Kremlin ? Rien n'est moins certain. Cette ambition, à l'époque, aurait semblé démesurée. Toujours est-il qu'elle ne cessait d'exhorter Mikhaïl Sergueïevitch à penser à l'avenir, à construire méthodiquement sa carrière. A ses yeux, une position, même prestigieuse, était moins un objectif final qu'une porte ouverte sur d'autres horizons.

Raïssa mettait tout en œuvre pour aider son mari. Pendant ses heures de liberté, elle lisait et résumait à son intention de nombreux ouvrages spécialisés susceptibles de l'aider dans son travail, ainsi que des œuvres littéraires indispensables à la culture générale. Raïssa était d'ailleurs parfaitement qualifiée pour conseiller son mari sur toutes sortes de sujets. Leurs nombreuses conversations en tête à tête jouaient un rôle plus important encore ; ils pouvaient alors s'exprimer en toute liberté, sans contraintes idéologiques, sur les problèmes qui le préoccupaient.

Il reste la question de savoir à quels mobiles obéissait Raïssa. Ils étaient probablement nombreux et complexes — aussi complexes que la personnalité de cette femme exceptionnelle. Il est en tout état de cause certain que sa culture et son niveau intellectuel lui ont permis de reconnaître plus tôt que bien d'autres épouses de hauts fonctionnaires la perspective d'un changement politique et les chances qu'il offrait. Elle voyait en son mari un réformateur en puissance, un homme susceptible de faire aboutir ce que l'on n'appelait pas encore la « perestroïka ». Mais il ne suffisait pas de développer les capacités de Mikhaïl Sergueïevitch ; il fallait aussi se créer des relations et trouver des appuis. Les actions de Raïssa étaient certainement désintéressées : mais quelle femme n'a jamais eu de rêves de grandeur ?

4.

Raïssa l'intellectuelle

Alors qu'elle se préparait à rencontrer Raïssa Gorbatcheva, Nancy Reagan, épouse de l'ex-président des États-Unis, constata non sans surprise qu'il n'existait en russe aucun équivalent de l'expression *First Lady*. Ses conseillers lui expliquèrent que le statut de la femme soviétique n'était en rien comparable à celui de la femme américaine. Près de soixante-dix ans après la révolution, l'U.R.S.S. restait dominée par des modes de pensée et de comportement hérités de l'époque des tsars : en toutes circonstances, la femme devait se soumettre à l'homme. Nancy Reagan apprit également qu'il était fréquent de voir des femmes travailler dans les mines ou les travaux publics, et transporter de lourdes charges ; à l'appui, on lui montra des photos et des films.

Mrs. Reagan avait du mal à croire qu'il pouvait exister une telle différence entre deux pays civilisés. Évidemment, son mari avait déclaré, peu avant cette première rencontre au sommet, que le pays dont ils allaient rencontrer les dirigeants était « le royaume du mal ». Le président, ses conseillers pour les questions de sécurité et d'autres personnalités du gouvernement avaient même envisagé (et l'avaient fait savoir) de « ramener l'Union soviétique à l'âge de pierre » par des bombardements massifs. Tous les jours, ou presque, la presse présentait des scénarios catastrophe de ce genre. En tout état de cause, Nancy Reagan ne pouvait se faire une image précise de la femme en compagnie de laquelle elle allait passer plusieurs journées, en marge du programme officiel.

Qui était donc cette Raïssa Gorbatcheva, qui descendait fièrement la passerelle aux côtés de son mari lorsqu'elle arrivait dans un pays étranger, mais qui, à son retour à Moscou, sortait de l'avion derrière les porteurs de bagages, loin des projecteurs ? On la disait consciente de sa valeur et très cultivée : n'était-elle pas titulaire d'un doctorat ? A l'occasion d'un séjour en Grande-Bretagne, quelques mois avant l'accession de son mari au pouvoir suprême, elle avait ébloui les journalistes par sa parfaite connaissance de l'anglais. De l'ancien chef du Kremlin Andropov, on ne savait même pas s'il était marié. Il fallut attendre ses obsèques pour que la télévision diffuse des images d'une femme en pleurs se tenant près de son cercueil, à laquelle Gorbatchev présentait ses condoléances.

Lorsque Mikhaïl Gorbatchev engagea son pays sur la voie du changement, la femme du chef de l'État soviétique se vit elle aussi assigner un rôle nouveau ; à l'étranger du moins, elle tenait la place d'une vraie *First Lady,* même si ce terme est intraduisible en russe. Nous sommes bien loin du maintien emprunté de Nina Khrouchtcheva lors du sommet de 1961 à Vienne ; aux côtés de l'élégante Jacqueline Kennedy, elle faisait figure de parente pauvre, et pas seulement parce que ses vêtements étaient démodés. Elle donnait l'impression de ne pas se sentir à l'aise dans ce rôle.

Raïssa Gorbatcheva, elle, est parfaitement à l'aise. C'est une femme qui sait ce qu'elle veut. Et — même les étrangers s'en rendent compte — elle exerce manifestement un grand ascendant sur son mari. Au cours de conversations à bâtons rompus avec les journalistes, Mikhaïl Sergueïevitch Gorbatchev a souvent tendance à faire le fanfaron ; sa femme le rappelle alors à l'ordre par un discret « Mischa ! Mischa ! » D'où lui vient cette assurance ? Ses connaissances étendues autant que ses convictions idéologiques peuvent sans doute l'expliquer.

Jusqu'à son retour à Moscou en 1978, Raïssa Maximovna enseigna la philosophie à l'Institut d'agronomie de Stavropol. Pour des raisons impénétrables, la commission des cadres de Moscou l'avait nommée à cet institut plutôt que dans un des trois autres établissements d'enseignement supérieur de la capitale régionale. Lorsque Mikhaïl Sergueïevitch avait été envoyé à Stavropol, Raïssa avait le choix entre rester à Moscou pour préparer son doctorat, et suivre son mari en acceptant le poste que l'administration lui accorderait. Elle avait choisi cette dernière solution.

A l'Institut, elle fut d'abord chargée d'organiser des séminaires de philosophie. C'était une tâche ingrate : pour les étudiants, dont le but était d'acquérir une formation d'agronomes, la matière enseignée par Raïssa n'était guère plus qu'une corvée à laquelle il fallait se résigner. Certes, personne n'osait élever la voix pour demander si le blé pousserait mieux, ou si les poules pondraient de plus beaux œufs dans un kolkhoze dont le dirigeant avait étudié la philosophie ou obtenu de bonnes notes en marxisme-léninisme, que dans une ferme confiée aux soins d'un vieux couple de paysans. Mais on n'en pensait pas moins...

Le professeur Mikhaïl Pankratovitch Tchougouïev, qui enseignait lui aussi à l'Institut, est resté en termes amicaux avec Raïssa Maximovna. Il se souvient fort bien de sa jeune collègue : « Bien que Raïssa n'eût jamais enseigné auparavant, l'on avait l'impression qu'elle n'avait fait que cela toute sa vie, tant elle paraissait sûre d'elle. Je ne sais trop pourquoi, elle était souvent inspectée. Elle demandait toujours aux membres de la commission de ne la juger que sur la qualité de son enseignement. Elle était d'une assurance et d'un calme impressionnants. Ce n'était pas de l'arrogance ; simplement, elle était sûre de ses connaissances, qui étaient très vastes. Au cours de ma longue carrière d'enseignant, je n'ai pas connu un seul professeur qui n'ait ses mauvais jours ; il arrive parfois que l'on ait insuffisamment préparé un cours ou une conférence. Mais j'ai beau fouiller dans mes souvenirs... non, Raïssa Maximovna était l'exception à la règle. Ne croyez surtout pas que je veuille porter mon ex-collègue aux nues parce que son mari est devenu Secrétaire général du P.C.U.S. Mais Raïssa a toujours été très consciencieuse, et aussi très ambitieuse. D'ailleurs, ses cours étaient surtout fréquentés par les meilleures étudiantes, celles qui avaient obtenu une médaille d'or au sortir du collège. Elles exigeaient bien entendu un enseignement de plus haut niveau que les autres étudiants et étudiantes. Raïssa était tout sauf indulgente, ce qui ne l'empêchait pas d'être tenue en haute estime par ses étudiants et collègues. »

Le professeur Tchougouïev tient à préciser que la considération dont jouissait son ancienne collègue n'avait rien à voir avec les fonctions de son mari. Son enthousiasme n'en paraît pas moins excessif. L'on a souvent reproché à Raïssa Maximovna son élocution lente et par trop précise. Cela s'explique certainement par ses longues années d'enseignement, qui lui ont donné l'habitude de parler lentement et de bien articuler. Vingt-deux ans de professorat, cela laisse des traces ! De nombreux enseignants partagent cette particularité. Peut-être n'est-ce d'ailleurs pas la seule, ni la pire, des « déformations professionnelles » de Raïssa Maximovna.

Après quelques années d'assistanat, Raïssa devint chargée de cours. Ses anciens étudiants et collègues se souviennent que ses cours et conférences étaient intéressants à plus d'un titre. Elle savait exposer les sujets les plus ardus dans une langue simple et compréhensible, en les illustrant d'exemples frappants, ce qui n'était pas superflu compte tenu des matières assez arides qu'elle était chargée d'enseigner — principalement l'éthique et l'esthétique. Elle avait également une habitude qui n'était pas toujours appréciée des étudiants : elle suivait attentivement leur évolution sur toute l'année scolaire, souvent même pendant toute la durée de leurs études. Lorsqu'elle se rendait compte qu'un de ses étudiants ne se consacrait pas entièrement à son travail, il n'était pas rare qu'elle se fâchât. Très à cheval sur les principes, elle exigeait qu'ils étudient avec le même sérieux la philosophie que les matières plus en rapport avec leur future profession. En dépit de toutes les qualités qu'on lui reconnaissait, son intransigeance était certainement jugée excessive par plus d'un étudiant ou même d'un professeur. Mais nul n'osait la critiquer ouvertement, compte tenu des hautes fonctions de Mikhaïl Sergueïevitch.

Raïssa Maximovna était donc inattaquable. Sa position privilégiée était parfaitement illustrée par le fait qu'elle arrivait toujours à l'Institut dans la voiture de fonction de son mari, et en repartait par le même moyen aussitôt ses cours terminés. De plus, pendant ses dernières années à Stavropol, elle était invariablement accompagnée par un des gardes du corps de son mari, chargé de veiller à sa sécurité.

La position de premier secrétaire d'un comité régional ou territorial du P.C.U.S. n'a pas d'équivalent exact dans les pays occidentaux, mais peut se comparer à celle de président d'un *Land* allemand, ou de gouverneur d'un État fédéré américain. Les familles de ces hauts fonctionnaires bénéficient bien entendu d'une protection policière, surtout en cas de tensions sociopolitiques. Dans l'Union soviétique de l'ère Brejnev, cette protection était avant tout un symbole de statut et de puissance : en ces années, aucun haut fonctionnaire ou responsable politique de province n'a jamais fait l'objet de menaces physiques.

Raïssa ne parlait de sa vie privée qu'à quelques proches. Il n'y avait d'ailleurs rien de sensationnel à raconter. Ses rares vraies amies ne cessaient de s'étonner de la parfaite entente qui régnait entre les époux Gorbatchev. Avec les autres — y compris ses étudiants et la plupart de ses collègues — elle n'abordait guère que des sujets en rapport direct avec le travail. Il va sans dire que cette réserve n'a pas facilité ma tâche : donner une image objective de la vie d'une personne qui refuse d'accorder des interviews.

Petit à petit, je suis néanmoins venue à bout de la plupart des obstacles. J'ai notamment pu réunir beaucoup plus de photographies que je n'avais osé l'espérer. Profitant d'un moment de calme pour les examiner en détail, je me suis toutefois rendu compte que j'avais des documents sur toutes les étapes de la vie de Raïssa Gorbatcheva, sauf une : il n'existe pour ainsi dire pas de photos concernant son activité professionnelle des années 1956-1978. En particulier, pas une seule ne la montre avec ses étudiants, et pas davantage en chaire ou dans une salle de cours. Etait-ce voulu ? Avait-on, pour quelque raison impénétrable, « gommé » cette période de sa vie ? Le professeur Tchougouïev m'a fourni une explication. Par principe, Raïssa refusait de se laisser photographier au milieu de ses étudiants. Lors des fêtes de fin d'année, elle arrivait toujours en retard, après l'obligatoire photo de groupe. Pourquoi ? La réponse de Tchougouïev : « Elle prétendait qu'elle n'était pas à son avantage sur les photos. »

Le professeur Tchougouïev n'a d'ailleurs pas grand-chose à raconter sur la période où Raïssa enseignait à l'Institut d'agronomie. « Pour les jours de fête ou les anniversaires, nous ne faisions pas de grandes célébrations — ce n'était pas de coutume à l'époque. Tout au plus, on se réunissait entre collègues dans une salle ; après avoir rapproché quelques tables, tout le monde buvait du thé et mangeait une part de gâteau ou de tarte. Je n'ai pas oublié la fois où, pour son anniversaire, Raïssa avait apporté une petite bouteille de cognac. Ce n'était pas dans ses habitudes, car en général elle ne buvait pas d'alcool. Mais l'hiver était très froid cette année-là à Stavropol, et », ajouta-t-il avec un sourire malicieux, « on avait besoin de se réchauffer un peu. »

Tchougouïev m'a fait visiter les salles de cours et de conférences où Raïssa travaillait. Il m'a également montré du matériel documentaire, rassemblé selon lui par Raïssa elle-même en vue d'une exposition destinée à illustrer les activités de l'Institut. Il y avait notamment au mur la photo d'une femme, découpée dans un journal ; des étudiants lui avaient dessiné une barbe. Raïssa portant la barbe ! Compte tenu de la date du journal au papier légèrement jauni, c'était possible, mais je n'étais pas entièrement convaincue. En voyant mon regard sceptique, le vieil homme réagit avec une vivacité dont je ne l'aurais pas cru capable. Lui, un menteur ? Je m'efforçai de l'apaiser. Mais par la suite Tchougouïev ponctua presque toutes ses affirmations par un impérieux : « C'est la vérité ! » Il me montra aussi un bureau qui aurait été celui de Raïssa. Depuis, chaque fois qu'un jeune professeur s'y installait, on ne manquait pas de lui souhaiter la bienvenue en ces termes : « Prenez place ! Peut-être êtes-vous également promu à un grand avenir... »

Tandis que nous prenons le thé, le professeur Tchou-

Tout heureuses, Raïssa et son amie Chalida se font photographier par le bel Oleg. Qui se doute à ce moment-là qu'Oleg sera un jour fier d'avoir été le premier grand amour de la femme du président de l'Union soviétique ?

Printemps 1950, premier amour à Moscou. Raïssa et Oleg passent des heures assis sur les bancs des parcs.

Excursion dans les forêts des environs de Stavropol au printemps 1969. Raïssa et Mikhaïl amoureux comme au temps où ils étaient étudiants. Également de la partie : la meilleure amie de Raïssa, Lidya Budyka.

Oleg et Svetlana font partie du passé. Raïssa, étudiante en sociologie et Mikhaïl, étudiant en droit, se marient le 25 septembre 1953.

Grands bouleversements de printemps... Stavropol, mai 1977. La fille du « numéro 1 » se marie. C'est l'événement mondain de l'année. L'unique fille de Mikhaïl et de Raïssa, Irina, épouse Anatoli Verganski.

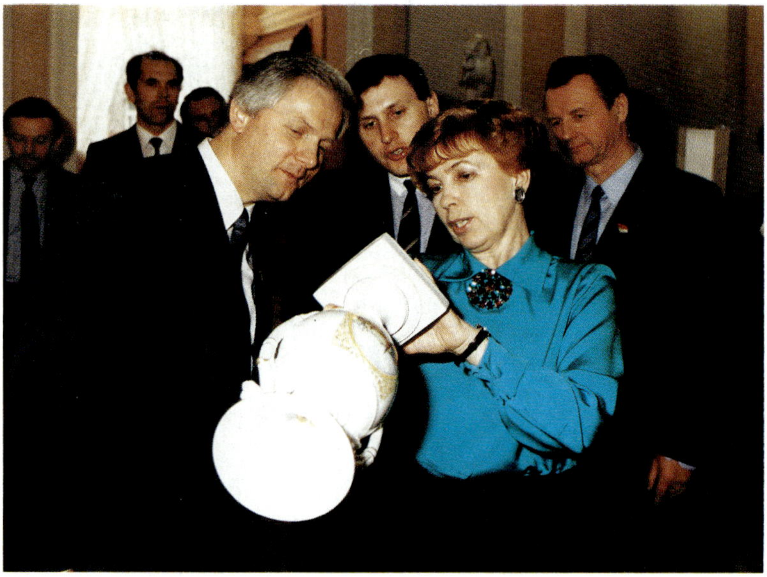

Au cours de la visite d'une manufacture de porcelaine de Meissen, Raïssa Maximovna prend des cours particuliers sur l'art de la porcelaine avec le directeur général Reinhard Fichte.

Aux heures difficiles de son existence, les livres furent souvent tout ce que Raïssa Maximovna possédait. Parmi ses passe-temps favoris : la lecture.

Années 70, années dorées. Divertissement dominical dans le parc protégé de Stavropol. *En haut, à gauche :* Olga Nordmann, épouse du président du KGB à Stavropol, Mikhaïl Gorbatchev — toujours de bonne humeur —, Raïssa Gorbatcheva, Marya Perekriostova, Ievgueni Tchasov, ancien ministre de la Santé d'Union soviétique, et Andreï Perekriostov, chef de la 4e administration (corps de santé) à Stavropol.

1984. Raïssa lors d'une réception au palais des Congrès du Kremlin. Son mari n'était pas encore secrétaire général du Parti. Raïssa est la troisième en partant de la gauche ; à sa gauche, Mme Rychkov, épouse de l'actuel Premier ministre.

Les Gorbatchev occupent deux étages de cet immeuble de la rue Kossyguine, sur les Monts Lénine, à Moscou.

Photo prise lors d'une visite de Mikhaïl et de Raïssa chez la mère de Gorbatchev, Maria, à Privolnoïe en 1987. Raïssa jouit des rayons du soleil sur un banc du jardin fraîchement repeint pour l'occasion.

Moscou. Accueil des hôtes officiels au Kremlin.

Raïssa a inoculé à Mikhaïl sa passion du théâtre. Après la représentation, ils aiment à se faire photographier en compagnie des artistes.

Premier séjour à l'étranger, en décembre 1984, de Mikhaïl Gorbatchev, qui n'est pas encore secrétaire général du Parti communiste soviétique. L'Occident découvre, à cette occasion, Raïssa, qui pose ici aux côtés de son époux et de Margaret Thatcher.

Un homme et une femme qui aiment la nature : Mikhaïl et Raïssa, en promenade dans le parc de leur datcha près de Moscou, courtisent, pour les besoins de la photo, un écureuil...

Raïssa, accompagnée
par Elena Ceaucescu.

Raïssa suit son mari au cours d'un déplacement en France.

Mai 1989. Voyage officiel de Mikhaïl et Raïssa. Ici, sur la grande muraille de Chine.

Décembre 1987. Sommet de Washington. Deux femmes qui ne s'aiment pas : Nancy Reagan et Raïssa Gorbatcheva à la Maison-Blanche.

Rome, novembre 1989. Moscou manœuvre pour se rapprocher du Vatican. *De gauche à droite :* le secrétaire général M. S. Gorbatchev, le pape Jean-Paul II, Raïssa Maximovna Gorbatcheva.

Retour sur vingt-cinq ans de vie commune : Mikhaïl et Raïssa. En dépit de l'âge, l'amour ne prend pas une ride.

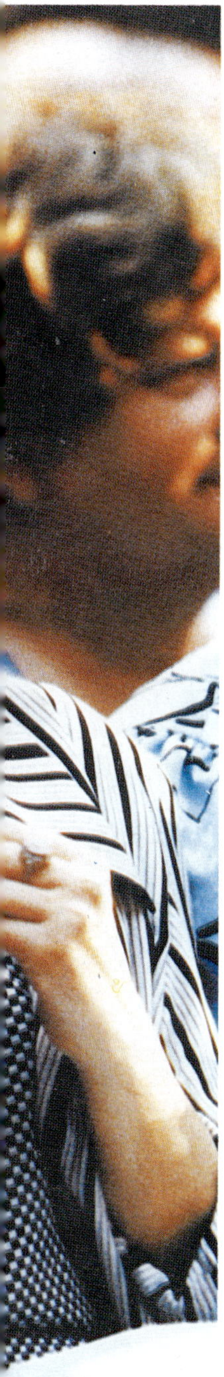

L'article d'exportation Raïssa Maximovna et ses boucles d'oreilles d'importation ouest-allemandes. Le top-model Thammy portait les mêmes dans un spot publicitaire à la télévision. Raïssa a du goût, même si son intérêt pour la mode n'est pas toujours apprécié des femmes soviétiques.

3 novembre 1989. Raïssa, First Lady de l'Union soviétique, lors d'une séance solennelle au palais des Congrès du Kremlin, dans sa tenue préférée, œuvre de sa couturière Tamara Makyeva.

Tous les documents proviennent des Archives Jurgens.

gouïev reprend le fil de ses souvenirs : « Raïssa Maximovna faisait tout pour éviter les conflits. Elle avait horreur des disputes. Quand elle ne pouvait les éviter, elle restait toujours très correcte et se contrôlait parfaitement. Une fois, pourtant, elle sortit de ses gonds. Ce devait être vers le milieu des années soixante-dix. La direction de l'Institut avait la détestable coutume de faire enregistrer en secret les cours et les conférences, afin de les évaluer. Bien sûr, personne n'aimait cela, mais tous se taisaient, car ils ne voulaient pas se mettre en mauvais termes avec le rectorat. Lorsque Gorbatcheva apprit qu'un magnétophone était caché dans sa salle de cours, elle se mit dans tous ses états. Je ne la reconnaissais plus ; elle était à la fois profondément humiliée et terriblement en colère. Elle se rendit aussitôt chez le recteur pour protester contre cette pratique illégale. Le ton montait. Le recteur essaya d'excuser son comportement en prétendant qu'une directive ministérielle autorisait de tels enregistrements. Raïssa Maximovna refusa de le croire et exigea de voir cette directive qui portait atteinte à l'honneur des professeurs. Il n'existait bien entendu aucun document écrit. A la suite de cet entretien, l'Institut abandonna cette pratique inadmissible. »

A Stavropol, j'ai aussi fait la connaissance de Iekaterina Grigorievna Dsybal, collaboratrice de Raïssa Maximovna à l'Institut agronomique. Lorsqu'elle apprit que je m'intéressais à la chargée de cours Raïssa Gorbatcheva, cela déclencha un flot de paroles intarissable : « Il n'était pas rare que des épouses de hauts fonctionnaires du Parti travaillent à l'Institut. Certaines nous faisaient sentir qu'elles se prenaient pour des personnes à part. Cela se manifestait par leur attitude à l'égard des professeurs " ordinaires ", et aussi par leur façon de s'habiller. Vous savez, quand une femme change plusieurs fois de toilette dans la même journée, c'est humiliant pour celles qui possèdent en tout et pour tout deux ou trois robes. Raïssa évitait ce comportement, mais j'imagine que ce n'était pas faute d'avoir de quoi se mettre sur le dos. A l'Institut, en tout cas, elle ne se faisait jamais remarquer par ses vêtements — plus tard, dans son rôle d'épouse du secrétaire général du Parti, ce fut plutôt le contraire. Elle n'essayait même pas de varier son habillement. Presque tous les jours elle arrivait dans son " uniforme " : coutume noir et corsage blanc. L'hiver, sa tenue favorite était un pull en mohair orange et une jupe noire de coupe très simple. La jupe venait du magasin de vêtements de Stavropol réservé aux seuls fonctionnaires, et elle avait ramené le pull d'Italie, où elle avait pu accompagner son mari en 1972 pour assister à une fête organisée par le journal communiste de ce pays. »

Les femmes soviétiques adorent le mohair. Je n'avais jamais vu autant de femmes coiffées de bonnets en mohair, bleus, blancs ou gris. Auparavant, ils étaient accompagnés de l'inévitable parfum douceâtre sentant le muguet et la violette, mais c'est devenu moins fréquent. Peut-être un problème d'approvisionnement ?

Iekaterina Dsybal poursuit : « Elle n'était jamais arrogante à notre égard. Évidemment, elle ne parlait pas beaucoup, mais c'était dans sa nature, cela n'avait rien à voir avec nous. Lorsque Mikhaïl Gorbatchev a été nommé en 1970 premier secrétaire du comité régional du Parti, Raïssa Maximovna nous a fait la déclaration suivante : " Camarades, j'ai un grand service à vous demander. Abstenez-vous, s'il vous plaît, de m'exposer vos souhaits ou vos problèmes, dans l'espoir que j'en parlerai à mon mari. Vous me mettriez dans une situation difficile. Je n'ai pas le droit d'influencer mon mari. " C'était parfaitement clair et net. Et, pour autant que je me souvienne, aucun collègue n'a essayé d'obtenir par son intermédiaire des avantages que son mari aurait pu lui procurer grâce à sa position. »

Pour un citoyen soviétique, en effet, les contacts personnels avec un haut fonctionnaire ou avec un de ses proches pouvaient, sinon décider de sa vie ou de sa mort, du moins lui faciliter substantiellement la vie quotidienne. Celui qui avait des « relations » n'était pas toujours obligé de faire la queue pendant des heures pour obtenir des articles ou denrées de première nécessité. Mais comment se créer des relations ? Ceux qui n'appartenaient pas à un clan ou à la famille d'un haut dirigeant pouvaient par exemple tenter d'établir les indispensables contacts en rendant divers services, qui pouvaient aller jusqu'à l'espionnage. Le besoin rend inventif.

Dès le début, Raïssa Maximovna évita d'établir des relations trop intimes avec des personnes extérieures à son cercle familial. Cela lui permit de conserver son indépendance, de ne pas être prise dans un réseau d'obligations, de services donnés et rendus. Raïssa choisissait avec discernement ses vraies amies ou amis. Elle ne s'accordait aucun privilège personnel. J'ai pu à maintes reprises constater que Raïssa se faisait un point d'honneur de respecter la légalité. Par exemple, lorsque son mari dut se rendre à Moscou pour participer au XXIVe Congrès du P.C.U.S., elle fut invitée à l'accompagner — et nous savons ce que représentaient pour la jeune Raïssa trois jours à Moscou. Dans cette situation, bien d'autres femmes de hauts fonctionnaires auraient simplement fait savoir à leur employeur qu'elles devaient s'absenter quelques jours. Raïssa, elle, respecta les règles. Elle prit rendez-vous avec le recteur et obtint un congé en bonne et due forme. Plus encore, elle insista pour « rattraper » les heures de cours qu'elle ne pourrait assurer. Elle faisait d'ailleurs de même les rares fois où sa fille Irina était malade. D'aucuns trouveront cette attitude excessive. Il est certain qu'elle n'est pas très répandue. Mais c'est précisément ce qui rend Raïssa inattaquable. N'oublions pas que plus d'un homme politique — et pas seulement en U.R.S.S. — est tombé parce qu'il avait abusé de sa position ou de ses relations pour obtenir des privilèges personnels.

Mais cédons de nouveau la parole à la loquace Iekaterina Dsybal : « Une fois, pour le 1er avril, nous lui avons joué un sacré tour. Raïssa avait envoyé un article à une revue, et attendait impatiemment la réponse. Il est bien connu que les universitaires aiment publier leurs travaux. Toujours est-il que la réponse tardait à arriver. Nous sommes allées à la poste avec une enveloppe et avons pu convaincre l'employée — on arrive toujours à ses fins, vous savez ce que c'est — de la tamponner. Nous y avons glissé une lettre dans laquelle la revue l'informait soi-disant que l'article avait suscité un grand intérêt, et qu'elle était prête à le publier. Mieux, le rédacteur en chef exprimait le souhait que l'auteur de cet article remarquable vînt présenter le résultat de ses recherches à l'occasion d'un colloque international qui devait se tenir à Moscou. Après avoir discrètement posé la lettre sur le bureau de Raïssa, nous avons guetté sa réaction. Elle ne se tenait plus de joie. “ Camarades ! Mon article est accepté ! ” s'est-elle exclamée. Au bout d'un moment, nous avons toutes éclaté de rire — nous ne pouvions plus nous retenir. Raïssa comprit soudain que nous l'avions “ mise en boîte ”. Mais elle a été bonne joueuse, et s'est mise à rire avec nous.

« Je me souviens aussi d'une autre histoire, pas drôle du tout, celle-là. C'était je crois au début des années soixante-dix. Mikhaïl Sergueïevitch Gorbatchev était déjà premier secrétaire du comité régional du Parti. Au beau milieu d'un cours, Raïssa fut appelée d'urgence au téléphone. Je la vis soudain pâlir et se laisser tomber sur une chaise. Quelqu'un venait de lui annoncer que son mari était mort dans un accident d'automobile. On ne devrait pas plaisanter avec ces choses. Mais personne n'est à l'abri des mauvais plaisants. »

Nul ne mettait en doute la qualité de l'enseignement de Raïssa Maximovna, qui n'était toujours que chargée de cours. Pourtant, lorsque le rectorat de l'Institut d'agronomie de Stavropol décida en 1973 de la nommer titulaire de la chaire de philosophie, c'était en premier lieu à cause de la position de son mari. Raïssa crut d'abord que ses seules qualités professionnelles lui avaient valu cette promotion, dont elle se montra très heureuse. Il ne lui fallut pas plus d'un mois pour voir clair dans le jeu du rectorat. Sans hésiter, elle alla voir le recteur pour lui demander de la dégager de ses nouvelles fonctions. C'était certainement la première fois qu'un universitaire soviétique renonçait volontairement, en l'absence de toute pression extérieure, à un poste prestigieux. Ce fut en vain que l'on tenta de dissuader Raïssa ; sa résolution était inébranlable. Elle était trop consciente de sa valeur pour accepter un tel affront. Elle expliqua à ses collègues stupéfaits que les tâches administratives liées à la fonction du professeur titulaire ne lui disaient rien. Iekaterina Dsybal ajoute que Raïssa lui avait également confié qu'elle ne cherchait pas à faire carrière. En me disant cela, son visage rayonnait de joie : « Elle était de nouveau une femme comme nous, une femme “ ordinaire ”. Je ne peux pas vous dire combien cela nous a fait plaisir. »

Peu après son arrivée à Stavropol, Raïssa Maximovna commença, parallèlement à ses activités à l'Institut d'agronomie, à effectuer des recherches approfondies sur la situation socio-économique des populations rurales.

En dépit des avantages naturels qui favorisaient le développement de l'agriculture dans le territoire de Stavropol, celui-ci ne se distinguait guère des autres régions et territoires soviétiques sur un point précis : la situation des travailleurs agricoles y était déplorable. La direction politique de Stavropol s'était néanmoins rendu compte plus tôt qu'ailleurs qu'une augmentation de la productivité agricole était indissolublement liée à une amélioration des conditions de vie. A cette fin, il fallait en premier lieu disposer d'un bilan détaillé de la situation réelle, et par conséquent entreprendre des études sociologiques. Raïssa Maximovna Gorbatcheva fut chargée de cette tâche.

Ce sujet intéressait beaucoup la jeune diplômée, qui s'était déjà occupée de ces questions à l'université de Moscou. Son mari lui conseilla également d'accepter ; dans le cadre de ses fonctions, il était notamment responsable des questions agricoles. Les médias se demandent souvent pourquoi l'actuel chef du Kremlin se comporte de manière non dogmatique. C'est certainement en partie dû au fait que sa femme lui a montré le rôle important que la sociologie peut jouer en politique, et lui a fait comprendre que l'action politique doit reposer sur des études approfondies et des données sûres. Gorbatchev s'est indubitablement inspiré de ces excellents conseils ; pourtant, cinq années de perestroïka et de glasnost n'ont pas suffi à effacer soixante-dix ans de communisme.

Au cours de ses enquêtes sur la situation de la population rurale du territoire de Stavropol, Raïssa Maximovna résolut de reprendre le doctorat de sociologie qu'elle avait commencé à l'université de Moscou. Elle ne pouvait présenter sa thèse dans aucun établissement d'enseignement supérieur de Stavropol. Cette discipline ne s'était pas encore remise de la période stalinienne, qui l'avait rendue méconnaissable. Dans le domaine de la sociologie, l'établissement le plus progressiste du pays était l'Institut pédagogique « V. I. Lénine » de Moscou Raïssa décida donc d'y préparer sa thèse. Elle se rendait à Moscou plusieurs fois par an pour participer à des colloques et discuter de son travail avec des professeurs de haut niveau, sans pour autant abandonner ses autres activités.

A Moscou, Raïssa fit notamment la connaissance du titulaire de la chaire de philosophie de l'Institut, le professeur Spiridonovitch Gott, qui est resté pour elle un guide et conseiller vénéré. Le professeur, maintenant âgé de quatre-vingts ans, est une des rares personnes admises dans l'intimité des Gorbatchev, aujourd'hui encore, il passe tous les étés quelques semaines dans leur datcha de Pitsounda, sur la mer Noire. Gott a eu une existence fort mouvementée. Spécialiste réputé des problèmes philosophiques relatifs aux sciences de la nature, il ne tarda pas à être enrôlé par le gouvernement stalinien. Devenu un proche collaborateur du ministre des Affaires étrangères Molotov, il participa à ce titre à d'importantes négociations politiques. Gennadi V. Ossipov (qui fut le directeur de thèse de Raïssa) m'a raconté à son sujet des choses tout à fait étonnantes. Gott possède toujours une copie du pacte conclu entre Hitler et Staline. Il est l'un des rares témoins vivants susceptibles d'éclaircir certains points obscurs de ce pacte et de ses clauses secrètes dans lesquelles Hitler et Staline convenaient de leurs sphères d'intérêts respectives. Mais le professeur s'enferme dans un silence obstiné. En plus de ce document historique, Gott a en sa possession le testament de Molotov, qui contient de nombreux faits et détails concernant la politique étrangère de Staline. Tous mes efforts pour voir ces documents ou pour interroger le professeur Gott à leur sujet se sont heurtés à un « niet » catégorique. Son unique commentaire : c'est du passé; la famille Gorbatchev ne doit en aucune façon être mêlée à ce douloureux chapitre de l'histoire de notre pays.

La chute de Molotov entraîna celle de son conseiller. Mais Gott était trop jeune et trop intelligent pour que toutes les portes se ferment devant lui. Il put assez rapidement reprendre ses activités universitaires ; au début des années soixante, il fut nommé à la chaire de philosophie de l'Institut pédagogique Lénine de Moscou. De 1965 à 1967, il suivit personnellement le travail de Raïssa Maximovna, avant de présider le jury devant lequel elle soutint sa thèse. En dépit de son grand âge, le professeur Gott n'a pas abandonné ses activités. Il est toujours responsable de la publication de la revue « Science philosophique », et dirige l'enseignement de la philosophie à l'Académie des sciences d'Union soviétique.

En 1964, la préparation de son doctorat étant suffisamment avancée, Raïssa passa brillamment l'examen de « candidature ». Elle pouvait maintenant aborder la rédaction de sa thèse, sous la direction d'un universitaire qualifié. En Union soviétique, le directeur de thèse joue un rôle plus important que dans la plupart des autres pays. Non seulement il guide et supervise les recherches et le travail de rédaction, mais il est chargé de ce que l'on pourrait appeler l'éducation idéologique ou morale de l'étudiant qui lui est confié : il doit veiller à ce que celui-ci ou celle-ci ait une attitude responsable à l'égard de la science. J'étais donc impatiente de rencontrer le directeur de thèse de Raïssa, Gennadi V. Ossipov.

D'un abord très sympathique, l'homme assis face à moi avait une soixantaine d'années ; il était à peine plus âgé que Raïssa Maximovna. Il répondit à mes questions sans se faire prier. Il était divorcé, et s'était remarié avec une femme de presque trente ans plus jeune que lui. En Union soviétique, Ossipov est considéré comme le « pape » de la sociologie. La revue « Recherche sociologique » écrit que, sous sa direction, des études sociologiques concrètes ont pour la première fois été entreprises en Union soviétique, et que grâce à lui la sociologie est devenue une discipline indépendante au lieu de rester une simple branche de la philosophie. Au début des années soixante, il entreprit dans un village de Moldavie une première étude sociologique, qu'il refit vingt-cinq ans après ; il en a publié les résultats. Il est également l'auteur d'ouvrages fondamentaux tels que *La Sociologie de l'U.R.S.S.*, *Manuel du sociologue* et *Sociologie marxiste-léniniste.* On lui doit également la création de l'Institut de sociologie de l'Académie des sciences soviétique, dont il dirige toujours un des départements.

Ossipov s'est longuement étendu sur la place réservée à la sociologie sous le régime stalinien : « A cette époque, la sociologie était considérée comme une pseudo-science. Il n'y avait d'ailleurs pour ainsi dire pas de sociologues. Dans l'impossibilité de nier totalement la légitimité de cette discipline, Staline la ravala au rang de " philosophie sociale ", ce qui revenait en fait à l'assimiler à la philosophie. Mais la philosophie ne se préoccupe de l'analyse de la société qu'à un niveau très abstrait. En conséquence, toute tentative d'étudier les phénomènes sociaux concrets était considérée comme une déviation contraire à la philosophie marxiste, comme une tentative de réduire la philosophie au positivisme, et taxée de sabotage idéologique. Dans le meilleur des cas, celui qui était accusé de sabotage idéologique perdait son travail, mais », ajouta le professeur Ossipov avec amertume, « les conséquences étaient souvent plus graves. » Il pensait certainement aux nombreux savants exterminés dans les camps du Goulag.

« Lorsque la période stalinienne prit fin, le petit dégel

consécutif à l'entrée en fonctions de Khrouchtchev nous a permis de redonner à la sociologie la place qui lui revenait », poursuit Oussipov. « Mais cela n'a pas été facile. Aussitôt, une meute de philosophes restés prisonniers du dogmatisme stalinien s'est dressée contre nous. Comme jadis, ils nous reprochaient de faire du " sabotage idéologique ", et nous accusaient de vouloir, par nos recherches, saper les fondements de la société socialiste. Pour ces forces conservatrices, tous les moyens étaient bons pour exercer des pressions sur nous et étouffer dans l'œuf notre jeune science. Cela mettait en particulier les jeunes sociologues à rude épreuve. Plus d'un s'est découragé et nous a abandonnés. Ceux qui restaient n'avaient guère de chances de décrocher leur doctorat : seuls dix candidats sur cent étaient reçus, et même ceux-là étaient constamment accusés d'être des ennemis de la philosophie marxiste. Cet état de choses se perpétua jusqu'aux années soixante. Face à tant de difficultés, il fallait pas mal de courage pour se dire sociologue et rester fidèle à ses principes. »

Dans les années soixante, Ossipov connut pourtant d'énormes difficultés. F. P. Trapesnikov, qui dirigeait à l'époque la section Sciences et Enseignement supérieur au comité central du P.C.U.S., réussit à lui faire retirer toutes ses fonctions universitaires. En l'espace d'une seule année, Ossipov fit l'objet de pas moins de cinq rappels à l'ordre provenant du Parti et d'autres administrations. De là à une condamnation officielle, il n'y avait qu'un pas. Sur la demande de Milliontchikov, vice-président de l'Académie des sciences, une procédure judiciaire fut engagée contre Gennadi Ossipov sous un prétexte dérisoire, dans l'unique but de le détruire. Le dossier fut transmis au tribunal du peuple de la rue de Brest, à Moscou. Mais l'absurdité de cette procédure était par trop criante; les poursuites contre Ossipov furent abandonnées. Ossipov n'en était pas moins sur la « liste noire » ; des années durant, il ne put se rendre à l'étranger, et il se vit contraint de réduire ses activités.

En choisissant de préparer un doctorat de sociologie, Raïssa Maximovna ne se faisait certainement pas d'illusions. Elle savait qu'elle s'aventurait sur un terrain dangereux, qui exigeait plus qu'un peu de courage civique. Cette incursion dans la sociologie risquait d'avoir des répercussions fâcheuses sur la carrière de son mari. Sans compter que l'obtention du doctorat et la poursuite de sa carrière universitaire étaient problématiques. Elle ne fut pourtant nullement troublée lorsque le professeur Gott décida de lui donner comme directeur de thèse Gennadi Ossipov, que ses collègues traitaient ouvertement avec mépris, et qu'ils accusaient d'avoir des « idées bourgeoises ».

En décrivant la situation de la sociologie pendant l'ère stalinienne, Ossipov avait utilisé une curieuse formule, en disant que cette science était alors non seulement « à moitié légale », mais aussi « à moitié dans la cave ». Il ne me laissa pas longtemps dans l'incertitude. Il m'emmena rue Piszovaïa, où nous avons cherché ensemble le bâtiment 16, entrée 2. Comme il n'y était pas revenu depuis une vingtaine d'années, il nous fallut un bon moment pour le trouver. A l'époque dont il parlait, le département de recherches sociologiques, qui dépendait de l'Institut de philosophie de l'Académie des sciences, était installé dans la cave de cet immeuble. La sociologie était effectivement reléguée « à moitié dans la cave ». Cette dernière, me raconta Ossipov, était très humide ; l'hiver, les murs étaient couverts de givre. Une science qui n'est pas officiellement reconnue ne pouvait, n'est-ce pas, prétendre à des locaux moins sordides ! Mais Ossipov et ses collègues faisaient face à l'adversité avec un inébranlable optimisme, car ils avaient foi en ce qu'ils faisaient.

Dans cette même cave, poursuit Ossipov, il avait pour la première fois rencontré Raïssa Maximovna Gorbatcheva. Il avait commencé par la mettre en garde contre les difficultés qui attendaient une future sociologue. La jeune femme ne se laissa pas décourager pour autant. Elle s'était fixé un objectif, et elle irait jusqu'au bout. Ossipov fut très impressionné par son attitude. Ce n'était pas seulement de l'enthousiasme aveugle, mais une ferme résolution. Ossipov crut discerner que Raïssa pouvait compter sur le soutien de son mari. A l'époque de cette première rencontre, il ne pouvait évidemment pas savoir que cette décision d'étudier la sociologie intéressait également au premier chef Mikhaïl Sergueïevitch.

Par la suite, Raïssa revint régulièrement à Moscou. Dans la cave humide de la rue Piszovaïa, elle présentait à Ossipov le résultat de ses recherches, discutait d'hypothèses de travail et lui soumettait les premières ébauches des chapitres successifs. Parfois, son mari l'accompagnait ; il n'était pas rare que les deux hommes se mettent à parler des sujets les plus divers, mais ils discutaient surtout des questions que Raïssa Maximovna voulait traiter dans sa thèse. Gorbatchev apportait à ces entretiens son expérience concrète et sa connaissance de la situation réelle des kolkhoziens, qui lui avaient fait prendre conscience que des réformes s'imposaient de toute urgence. Le signe visible de la présence de Mikhaïl Gorbatchev à Moscou était sa voiture de fonction, une Volga noire, garée devant l'immeuble où Raïssa Maximovna préparait sa thèse avec Gennadi Ossipov.

Le professeur Ossipov m'a fait un grand honneur, dont je lui suis très reconnaissante. Je suis en effet la première journaliste occidentale qui ait pu, grâce à lui, consulter la thèse de doctorat de Raïssa Maximovna Gorbatcheva. Il m'a également donné d'utiles éclaircissements à ce sujet.

Quelques jours après notre première rencontre, tout était prêt. Je pouvais prendre connaissance de la première (et jusqu'à présent, la seule) thèse de doctorat jamais rédigée par l'épouse d'un chef du Kremlin. Aidée par une interprète, je me mis à lire.

Première constatation : en Union soviétique aussi, les thèses se signalent par des titres fort compliqués : « Apparition de nouvelles caractéristiques dans le mode de vie des kolkhoziens. D'après les résultats d'enquêtes sociologiques et de sondages effectués dans le territoire de Stavropol. » Le principal objectif de ce travail était, selon les propres termes de l'auteur, de trouver des réponses aux questions suivantes : « Quels phénomènes et tendances dominent l'évolution du mode de vie des kolkhozes ; quelles sont les difficultés et les contradictions relatives au développement d'un nouveau mode de vie du kolkhozien, et quelles solutions peut-on leur trouver ; enfin, en quoi les particularités socio-économiques du système kolkhozien influent-elles sur les relations quotidiennes au sein des ménages ? »

J'avoue que j'étais un peu irritée par l'aridité du sujet et par la lourdeur du style. Il me paraissait difficile d'intégrer cela dans le livre que je préparais. Mais il fallait trouver une solution ; après tout, c'était la première fois que l'opinion publique occidentale pourrait avoir un aperçu de la pensée de Raïssa Gorbatcheva. Plutôt que d'en citer des extraits, j'ai fini par décider de résumer chaque chapitre afin de donner au lecteur une vue d'ensemble.

Dans le premier chapitre, « Développement de nouveaux aspects matériels du mode de vie », l'auteur analyse des données relatives aux modes de consommation actuels des familles de kolkhoziens ainsi que des données comparatives concernant le budget des familles paysannes depuis 1917. Ces données concernent la mise en place d'un réseau commercial chargé de l'approvisionnement alimentaire et des prestations de service, l'amélioration de l'approvisionnement et des prestations dans les zones rurales du territoire de Stavropol, et l'exploitation des études statistiques effectuées dans ces domaines. Raïssa Maximovna constate qu'une des principales caractéristiques du village-kolkhoze contemporain est le rôle croissant des structures collectives dans la satisfaction des besoins quotidiens. Elle attire cependant l'attention sur « les contradictions inhérentes à l'évolution des formes de l'organisation sociale de la vie quotidienne des kolkhoziens ». Compte tenu de la dispersion des communautés, de l'éloignement géographique des entreprises de services, du mauvais état du réseau routier et du manque de moyens de transport adéquats, une importante partie de la population rurale n'a pas régulièrement accès au secteur des biens et services. Raïssa Maximovna souligne également le fait que ce secteur manque de main-d'œuvre qualifiée et que le processus de production n'est pas suffisamment mécanisé, avec pour conséquence que les prix et la qualité ne sont pas en rapport avec le travail fourni. Cette analyse l'amène à conclure que seule l'élimination de ces obstacles permettra de rapprocher progressivement les conditions de vie des campagnes de celles des villes.

Dans le second chapitre, « Accroissement des besoins culturels du kolkhozien. Sous quelle forme et dans quelle mesure ils sont satisfaits », Raïssa Maximovna analyse la signification de l'art et de la culture dans la vie quotidienne du paysan soviétique. Au cours de ses enquêtes dans divers villages du territoire de Stavropol, elle a pu constater une augmentation de la demande culturelle. La fréquentation des bibliothèques ainsi que celle des spectacles — concerts, théâtre, cinéma — connaissait une progression constante. Ces modifications quantitatives s'accompagnaient d'une évolution qualitative. Une amélioration du niveau était manifestement souhaitée. Il existait cependant, conclut Raïssa Maximovna, un énorme écart entre les besoins culturels et les moyens mis en œuvre pour les satisfaire ; dans l'ensemble, l'équipement culturel des villages était insuffisant quantitativement comme qualitativement.

Le troisième chapitre, « Transformations du caractère des relations quotidiennes au sein des familles », est consacré à une étude du mariage : mobiles du choix de l'époux ou de l'épouse, relations au sein du couple. Raïssa Maximovna fait d'abord observer qu'il n'existe pratiquement plus de barrières sociales dans le choix du partenaire, et qu'en ce qui concerne le mariage les mœurs des régions rurales tendent à se rapprocher de celles des villes. Elle n'en constate pas moins des contradictions objectives dans l'évolution de la famille : « Certains aspects de la situation concrète de la kolkhozienne (la nécessité de veiller aux soins du ménage en plus du travail quotidien) constituent un obstacle à l'épanouissement intellectuel de la kolkhozienne, et contribuent à perpétuer des vestiges d'inégalité socio-économique. »

Les conclusions générales de l'auteur sont les suivantes : Depuis la révolution, la qualité de la vie dans les villages s'est améliorée. L'injustice sociale a été éliminée ; le travail est la seule base de la prospérité. L'habitat, le mobilier et l'habillement sont de meilleure qualité. Le réseau d'approvisionnement des campagnes s'est étendu ; des structures collectives ont été mises en place. La culture a fait son entrée dans les villages. Les habitants ont un meilleur niveau d'instruction ; l'on ne rencontre plus d'analphabètes que chez les personnes âgées. Le livre, la radio et la télévision ont atteint la population rurale. De nouvelles formes de relations humaines se sont imposées.

Par ailleurs, en ce qui concerne la satisfaction des besoins matériels et culturels, le village est très en retard sur la ville. D'importantes lacunes subsistent dans les domaines des prestations de service, du commerce et de l'approvisionnement, des équipements collectifs, des soins médicaux, de l'équipement scolaire, de l'habitat et de la culture. De surcroît, l'exploitation des lopins individuels contribue à diminuer la durée des loisirs.

De nombreux obstacles qui s'opposent à une harmonisation des conditions de vie rurales et urbaines, obstacles que Raïssa Maximovna analyse dans sa thèse, n'ont toujours pas été surmontés. L'économie de l'Union soviétique reste trop peu développée pour venir à bout de ces problèmes. Aujourd'hui encore, la production agricole de cet immense pays ne suffit pas à couvrir les besoins, alors que les conditions naturelles sont aussi bonnes qu'aux États-Unis. Partout, la pénurie règne. Dans le domaine culturel aussi, l'évolution laisse beaucoup à désirer. Dans ces circonstances, la thèse que Raïssa Maximovna a soutenue en 1967 fait presque figure de « programme millénariste » destiné à faire entrer dans le siècle ce pays sous-développé.

Une autre conclusion de Raïssa Maximovna mérite une attention particulière. Elle estime qu'il pourrait se révéler indispensable de dissoudre purement et simplement les villages les plus arriérés et de réinstaller leurs habitants dans des agglomérations susceptibles de devenir de grands centres agricoles et culturels — en quelque sorte des agrovilles.

Dans le cas spécifique du territoire de Stavropol, cette notion n'est pas aberrante, et son application pourrait être bénéfique sur le plan social et économique. Il faut préciser que cette suggestion de Raïssa Maximovna n'a aucun rapport avec les théories de l'académicienne T. I. Zalaskaïa, qui préconisait la liquidation de tous les villages « non rentables » du pays, au total quelque cent mille (vingt mille de plus que le nombre de villages détruits pendant la Seconde Guerre mondiale). Raïssa ne pensait pas à détruire, mais à créer dans les régions rurales de grands centres économiques et culturels, en vue d'améliorer à la fois la productivité et la qualité de la vie. Dans cette mesure, il est injustifié de comparer, comme le font certains critiques, les propositions de Raïssa Maximovna à celles de Zalaskaïa.

Pendant les quatre années qu'elle consacra à la rédaction de sa thèse, Raïssa Maximovna ne resta pas enfermée dans son bureau. Dès que cela lui était possible, elle exposait le résultat de ses recherches aux responsables du Parti, en mettant l'accent sur les aspects négatifs. Elle s'efforçait également de convaincre des artistes et écrivains de participer à des activités dans les régions rurales. Bien entendu, elle faisait de fréquents séjours dans les kolkhozes qu'elle avait choisis pour ses recherches. En plus de ses études statistiques et de ses enquêtes d'opinion, elle participait activement à l'organisation des loisirs, et faisait régulièrement de nouvelles propositions pour améliorer les conditions de vie.

Ce bref aperçu de la thèse de Raïssa Maximovna suffit à montrer qu'en dépit du contexte défavorable de l'époque elle avait pu réaliser et présenter un travail relativement objectif. Sa thèse constituait d'ailleurs la toute première étude de la situation socio-économique des kolkhoziens. Il est évident qu'elle ne pouvait dépasser certaines limites; l'on sent à plusieurs reprises qu'elle paie un lourd tribut au conformisme idéologique de l'époque. Dans une perspective actuelle, sa thèse reste cependant intéressante à divers égards : son importante documentation, ses analyses généralement objectives, ses remises en question fort courageuses pour l'époque.

Il arrivait à Raïssa Maximovna de parler à sa couturière, S. Karetnikova, d'incidents survenus au cours de ses enquêtes sur les conditions de vie dans les campagnes. S. Karetnikova raconte : « Mme Gorbatcheva distribuait entre autres des questionnaires, où il était demandé aux femmes si elles utilisaient les services d'un teinturier. Une kolkhozienne répondit par l'affirmative, en précisant : " Je me teins les sourcils. " » Cette anecdote amusante montre bien que beaucoup de choses entrées depuis longtemps dans les mœurs urbaines restaient totalement inconnues à la campagne.

Tout au long de la période où elle était « candidate » au doctorat, Raïssa Maximovna passa les divers examens requis avec d'excellents résultats. Tant dans les matières obligatoires — matérialisme historique et dialectique, philosophie — que dans les matières à option comme l'histoire et l'anglais, elle obtint invariablement la mention « très bien ». Elle devait soutenir sa thèse de doctorat (officiellement, « Dissertation pour l'obtention du titre académique, présentée par un candidat de philosophie ») en 1967 à l'Institut pédagogique d'État V. I. Lénine de Moscou. Le professeur Sergueï Timofeïevitch Gourianov faisait partie du jury. Il enseigne aujourd'hui la philosophie à l'université Lomonossov de Moscou, et n'a pas perdu le contact avec les Gorbatchev.

Dans son rapport, le professeur Gourianov écrivait notamment que la thèse de Raïssa Maximovna apportait une importante contribution à la compréhension de problèmes théoriques et pratiques concernant les régions rurales. Son travail n'était pas seulement le fruit d'une réflexion abstraite, mais s'appuyait sur de nombreuses recherches et analyses empiriques sur le mode de vie des kolkhoziens. Le jugement des autres membres du jury était tout aussi favorable. Ce fut à l'unanimité qu'il décerna à Raïssa Maximovna Gorbatcheva le titre de docteur.

Bien entendu, Mikhaïl Sergueïevitch Gorbatchev avait tenu à accompagner sa femme en ce grand jour. Lorsque le jury annonça sa décision, il remit à « Madame le Docteur » une grande gerbe de fleurs. La nouvelle diplômée fut fêtée à trois reprises. Une réception, à laquelle Mikhaïl Segueïevitch assista, suivit la remise du diplôme. Rappelé d'urgence à Stavropol par son travail, il ne put toutefois participer au banquet officiel, qui eut lieu dans la soirée à l'hôtel Iounost (« hôtel de la Jeunesse »). Mais Gorbatchev était un excellent organisateur, y compris dans ses affaires privées. Il chargea son ami Victor, à l'époque secrétaire du comité du Komsomol du territoire de Stavropol, de veiller à ce que tout se passât bien. Victor ne quitta pas Raïssa de la soirée, et ce fut en sa compagnie qu'elle regagna Stavropol le lendemain, et sur son épaule qu'elle s'endormit pendant le vol. La troisième fête fut organisée dans le cadre moins officiel de la maison du professeur Gourianov — qu'il suffise de dire que le repas était bien arrosé. Cette fois, Mikhaïl Sergueïevitch était aux côtés de sa femme.

Raïssa a également publié d'autres ouvrages. Le premier que j'aie eu entre les mains était une version « populaire » de sa thèse de doctorat, parue en 1969 à Stavropol sous le titre *Le mode de vie des kolkhoziens. Une esquisse sociologique.* Ce type de publication très répandu en Union soviétique permet de rendre accessible à un public plus large des travaux scientifiques de haut niveau. Quatre ans plus tard, elle publia, également à Stavropol, une brochure intitulée *Le XXIVe Congrès du P.C.U.S. et l'avenir de la culture socialiste.* Cet essai témoigne de son intérêt croissant pour les problèmes culturels. Elle y expose les mesures concrètes indispensables à Stavropol et dans le territoire du même nom. Il fallait notamment construire ou moderniser 233 écoles et créer un minimum de 40 internats ; ouvrir dans chaque village une maison de la culture, et créer de nouvelles bibliothèques rurales, dont le nombre était dramatiquement insuffisant. En fait, ce « catalogue de revendications » — heureuse coïncidence ! — correspondait exactement aux objectifs que s'était fixés son mari en sa qualité de premier secrétaire du comité territorial du Parti.

Lorsque Raïssa Maximovna devint en 1986 membre du praesidium du Fonds culturel soviétique, c'était l'aboutissement logique de ses activités scientifiques et sociales. Gennadi Ossipov nous dit à ce propos : « Raïssa Maximovna exerce une influence indubitable sur la restauration de la culture russe... Ce n'est pas en publiant des livres et des articles, ou en prodiguant des conseils, que l'on influence la vie sociale et culturelle ; cela tient à votre mentalité, à votre façon de penser. Raïssa Maximovna est vice-présidente du Fonds culturel, et rien de ce qui concerne le rétablissement de la culture, la renaissance des traditions culturelles, n'échappe à son influence. La culture est un phénomène social ; elle est en fait l'élément le plus important de la sociologie. La sociologie est la science qui analyse les lois du comportement social humain. Le comportement des hommes dépend de leur culture — de la mesure dans laquelle ils disposent de leur héritage culturel. En d'autres termes, le comportement humain suit certaines normes et certains critères sociaux, mais aussi des critères et normes autres que sociaux. Il est donc tout naturel que l'étude du mode de vie des kolkhoziens ait conduit Raïssa Maximovna à s'intéresser aux phénomènes culturels. Auprès de centaines d'hommes et de femmes, elle a accompli un travail aussi important que progressiste en soutenant le mouvement sociologique, qui était, après tout, le seul mouvement *social* de notre pays. Dans le contexte de l'époque, c'était à la fois nouveau, inaccoutumé, courageux et impressionnant. »

J'ai alors demandé au professeur Ossipov si, par son engagement, Raïssa avait en quelque sorte donné le signal d'une plus forte participation des femmes au processus de décision sociopolitique. Sa réponse : « En 1988 s'est tenu à l'Académie des sciences sociales un symposium sur une participation plus active des femmes à la vie de la société soviétique. Raïssa devait — et voulait — y participer. Mais, pour je ne sais quelle raison, cela n'a pas pu se faire ; nous l'avons tous beaucoup regretté.

« Vous savez, la position et l'image publique de l'épouse d'un haut dirigeant politique n'est pas la même chez nous que dans vos pays. Et la sociologue Raïssa Maximovna ne peut se permettre de l'ignorer. Tout " signal " trop visible de sa part ne pourrait que susciter une réaction négative de l'opinion ; ce serait considéré comme une ingérence dans des affaires qui ne la concernent pas. Si Raïssa, épouse du chef de l'État, s'occupait par exemple du mouvement féministe, de nombreuses voix s'élèveraient pour faire observer qu'il existe toute une série d'autres problèmes dont elle devrait se soucier. Ce serait une grave erreur de ne pas tenir compte de nos traditions, même si je les trouve personnellement déplorables.

« Une grande partie de la population n'aime pas Raïssa Maximovna. Cela s'explique par diverses raisons : en premier lieu, la conviction, qui remonte à l'ère stalinienne, que la femme d'un dirigeant du Parti ou de l'État doit se tenir à l'écart de toute activité politique ou sociale; ensuite, une ancienne tradition russe, restée très vivace, veut que la femme occupe un rang social inférieur à celui de son mari. Cette tradition renaît aujourd'hui avec une force particulière chez les populations musulmanes de l'Union.

« Un rôle sans doute encore plus important revient à l'étroitesse d'esprit des femmes soviétiques. Si elles voient que l'épouse d'un dirigeant politique se distingue en quoi que ce soit, même si c'est dans un sens positif, elles la condamneront. En Occident, par exemple aux États-Unis, si la femme d'un président s'habillait d'une façon négligée ou démodée, cela soulèverait une telle indignation que les prochaines élections s'en ressentiraient. Chez nous, c'est tout le contraire : il suffit qu'une femme de dirigeant change trop souvent de toilette, ou qu'elle s'efforce de suivre la mode, pour qu'elle soit sévèrement jugée — d'autant plus qu'il n'existe chez nous aucune tradition d'élégance chez les femmes d'hommes politiques; souvenez-vous des épouses de Khrouchtchev, de Brejnev ou d'Andropov. La vox populi dira : comment une femme peut-elle si bien s'habiller, alors que dans notre pays il n'y en a même pas assez pour tous ?

« Il en va bien entendu de même lorsqu'une femme comme Raïssa Maximovna se distingue par ses capacités intellectuelles et ses travaux scientifiques. Beaucoup ont une réaction négative, et lui reprochent de vouloir attirer l'attention sur elle. A cause de cette mentalité philistine, qui n'est souvent rien d'autre que de l'envie, Raïssa est souvent en butte à des critiques. Ce ne sont rien de plus que des traditions primitives et barbares. Il faudra encore du temps pour que nos modes de pensée changent et que nous puissions nous intégrer à la culture européenne. Raïssa

Maximovna vivra-t-elle ce jour ? A cet égard, je suis plutôt pessimiste. Dommage que la Bible ait une fois de plus raison, lorsqu'elle dit que nul n'est prophète dans son propre pays. »

5.

La route jusqu'au Kremlin

La carrière de Mikhaïl Sergueïevitch Gorbatchev a été influencée par de nombreux événements, mais il ne faut pas oublier la part du hasard. A Stavropol, il s'était distingué par ses capacités hors du commun. Sous sa direction, même l'agriculture, de tous temps le problème majeur de l'Union soviétique, avait vu sa productivité s'améliorer. Il faut dire qu'il bénéficiait de la protection de son prédécesseur au poste de premier secrétaire du comité territorial du P.C.U.S., Fedor Koulakov, promu Secrétaire et chef du département de l'agriculture à la centrale moscovite du Parti. En 1978, Koulakov décéda subitement à l'âge de soixante ans. Aucun des hauts dirigeants du parti n'assista à ses funérailles, ce qui donna lieu à diverses spéculations ; il était question d'événements étranges, de dissensions, certains parlaient même de suicide. En l'absence des grands leaders, l'éloge funèbre sera prononcé, sur la place Rouge, par un quasi-inconnu : Mikhaïl Gorbatchev.

Pourtant, l'excellent travail fourni à Stavropol et la protection de Koulakov, membre du Politburo, n'auraient pas suffi pour faire nommer Gorbatchev à Moscou. Le facteur décisif fut une maladie. Oui, une maladie — non de Mikhaïl Sergueïevitch lui-même, mais de Iouri Andropov.

Atteint d'une affection des reins, le chef des services secrets soviétiques faisait de fréquentes cures dans des établissements proches de Stavropol. Il y rencontrait bien sûr le premier secrétaire local : Gorbatchev s'évertuait à rendre agréable le séjour des sommités moscovites (le président du Conseil Alekseï Kossyguine venait lui aussi se soigner dans la région), ce qui lui permettait de prendre d'utiles contacts. Il va de soi que Raïssa Maximovna assistait son mari dans ces circonstances délicates.

Raïssa jouait son rôle à la perfection. Pour ces messieurs haut placés, la véritable surprise, c'était *elle*. Personne ne s'attendait à trouver une femme de ce niveau dans cette région reculée. De longues promenades en compagnie de Mme Andropov, qui parlait à Raïssa de sa bien-aimée Moscou, créèrent entre les deux femmes des liens presque amicaux — plus qu'il n'était nécessaire, peut-être. Les Gorbatchev savaient maintenir un juste équilibre entre la familiarité et la réserve qui s'imposait. Ils laissaient leurs hôtes jouir en toute tranquillité de leur séjour, tout en restant à leur entière disposition en cas de besoin. Mikhaïl et Raïssa formaient une équipe parfaite.

Les Andropov n'étaient apparemment pas insensibles au charme de Raïssa. En 1977, les deux couples décidèrent de passer leurs vacances ensemble à Kislovodsk. Les Andropov descendaient au luxueux centre de cure « Pierres Rouges » — plus précisément dans une datcha aménagée à leur intention dans un recoin caché du parc naturel. Les Gorbatchev étaient logés à quelque distance de là, au centre « Pierres Bleues » un peu plus modeste, un peu moins coûteux. Cela ne les empêchait pas de se voir tous les jours lorsqu'ils le souhaitaient et de faire ensemble de longues promenades. Les deux hommes s'entendaient eux aussi fort bien.

Peut-être est-ce à la suite de ce séjour qu'Andropov se

mit à penser sérieusement à Mikhaïl Gorbatchev. Mais la décision ne dépendait pas que de lui. Pour faire venir Gorbatchev à Moscou, il fallait attendre une occasion favorable.

Le 28 novembre 1978, la *Pravda* annonça que le camarade Mikhaïl Sergueïevitch Gorbatchev avait été élu secrétaire du comité central du Parti. Ses fonctions exactes n'étaient pas précisées, pas plus que les circonstances du vote. Le soutien de Raïssa n'était certainement pas étranger à cette promotion. Non seulement elle n'avait cessé d'encourager son mari, de l'exhorter à ne pas se satisfaire de ce qu'il avait obtenu, mais, par sa présence à ses côtés, elle avait indubitablement facilité ses contacts avec les personnalités susceptibles de jouer un rôle déterminant dans sa carrière. Pour citer une fois de plus son amie Lydia : « Raïssa avait décidé de se consacrer entièrement à son mari, de l'aider dans toute la mesure du possible ; c'était devenu le principal but de sa vie. De son côté, Mikhaïl tenait à l'avoir toujours sous la main ; à tout moment, il voulait pouvoir discuter avec elle, la consulter, examiner ses différentes options. Elle est son plus fidèle conseiller et ami. » Raïssa Maximovna a le don de faire ce qui s'impose, en toute circonstance. Elle est capable de s'adapter, mais tout autant de s'affirmer, et elle ne se trompe jamais dans son jugement. Parmi les facteurs personnels qui ont contribué à l'ascension de Mikhaïl Gorbatchev, il ne faut pas sous-estimer l'étroite complicité qu'entretiennent Mikhaïl et Raïssa.

Lorsqu'ils quittèrent Stavropol pour Moscou en 1978, les Gorbatchev étaient plus chargés qu'à l'aller — et leur famille s'était agrandie. A leur arrivée dans la petite ville, ils possédaient en tout et pour tout le contenu de deux valises, plus quelques caisses de livres. Maintenant, il leur fallait un camion entier, d'autant qu'ils emmenaient également les possessions de leur fille Irina et de leur gendre Anatoli.

A Moscou, toute la famille s'installa, rue Alekseï-Tolstoï, dans un cinq-pièces de deux cents mètres carrés. L'immeuble, de construction récente, était réservé aux membres du comité central. Le nouvel appartement des Gorbatchev était certes plus confortable et mieux aménagé que leur maison de Stavropol, mais nettement moins luxueux que les appartements des membres titulaires du Politburo : le régime communiste traitait chacun, sinon selon ses mérites, du moins selon ses fonctions, dans un strict respect de la hiérarchie. Vers la fin des années soixante-dix, l'architecture soviétique, jusqu'alors purement fonctionnelle, commençait à s'inspirer de l'Occident en matière d'esthétique et de confort. Les hauts fonctionnaires du Parti furent bien entendu les premiers (et pendant longtemps, les seuls) à profiter de ce progrès.

Raïssa ne considérait jamais un logement comme un campement provisoire. Quelques jours seulement après leur arrivée, elle y avait mis sa marque personnelle : fleurs et plantes vertes, tableaux... bref, les innombrables petits détails qui font que l'on se sent chez soi. Dans ce domaine comme dans les autres, Raïssa ne se contentait pas de demi-mesures ; les expressions « peut-être » ou « un jour » ne font pas partie de son vocabulaire. A cet égard aussi, Raïssa Maximovna n'est absolument pas typique de la femme soviétique, qui accorde généralement peu d'importance à l'aménagement de son logement. Ce besoin de confort s'explique sans doute par l'enfance instable de Raïssa — souvenons-nous des wagons de chemin de fer qui lui ont si souvent tenu lieu de foyer. Sa mère lui a montré comment rendre habitables les lieux les plus misérables.

De leur balcon de la rue Tolstoï, les Gorbatchev avaient une vue magnifique sur l'un des nombreux parcs de la capitale, ainsi que sur des rues pittoresques et des monuments historiques. L'aménagement intérieur, dû aux meilleurs architectes-décorateurs soviétiques, faisait largement appel à des matériaux et à des équipements importés des pays occidentaux. De l'extérieur, toutefois, l'ancienne maison des Gorbatchev ne se distinguait en rien de nombreux autres immeubles moscovites. Cet effacement était bien entendu voulu. Pour le regard exercé, la guérite installée près du portail trahit pourtant que cet immeuble n'est pas destiné au premier venu — à « Ivan Ivanovitch », comme on dit en Russie.

Juste à côté se trouve le « Dom Perijomov », où se tiennent les réceptions importantes. Les autres maisons du voisinage appartiennent en majorité au K.G.B. Non loin de là, l'on peut également voir le célèbre restaurant coopératif « L'Anonyme », qui a plutôt mauvaise réputation, car les trafiquants et spéculateurs, engeance qui prospère également en Union soviétique, y ont en quelque sorte établi leur quartier général. Ceux qui s'y retrouvent ne sont pas du menu fretin. Leurs noms révèlent des liens étroits avec l'appareil du Parti. Parmi les habitués, citons le petit-fils de Khrouchtchev, le gendre de Kossyguine et la fille de Brejnev, qui ont tous eu maille à partir avec la justice. Comme l'on pouvait s'y attendre, leurs agissements — trafics douteux, affaires de corruption — n'ont été révélés au grand jour qu'avec l'avènement de la glasnost et de la perestroïka.

Les Gorbatchev ont vécu rue Tolstoï jusqu'à fin 1980, lorsque, devenu membre titulaire du Politburo, Mikhaïl Sergueïevitch dut emménager dans un appartement digne de sa nouvelle fonction. Pour mon livre sur Raïssa Maximovna, je tenais absolument à avoir une photo de l'immeuble de la rue Tolstoï. Je savais que ce serait difficile, mais le hasard me vint en aide : un ami avait un ami qui connaissait le gardien de la maison d'en face... une cartouche de Marlboro fit le reste.

Appareil photo en bandoulière, je ne me sens pas très à l'aise dans l'ascenseur branlant qui vibre et gémit tant qu'il peut. Il finit par s'arrêter au dernier étage. Le sol est jonché de gravats. Le plancher grinçant menace de céder sous mes pas. Le vent siffle par tous les interstices du bâtiment promis à la démolition. J'ose à peine bouger. J'imagine que, du haut des immeubles du K.G.B., des regards amusés me suivent. Pour finir, je me cogne à une poutre affaissée. Impossible de trouver un endroit d'où prendre une bonne photo. Je suis sur le point d'abandonner, lorsqu'une porte en acier s'ouvre soudain ; c'est le gardien. Il me tend la main, une main large et généreuse qui inspire confiance... cela correspondait parfaitement aux sentiments que j'éprouvais. Nous montons jusqu'au toit en terrasse. La masse disgracieuse de l'immeuble du 15, rue Alekseï-Tolstoï se dresse devant moi. Un instant, j'éprouve la joie du reporter qui touche au but. Un instant seulement, car le gardien s'est empressé de repartir ; la lourde porte se referme derrière lui. Je ne me sens pas très bien. Je remarque soudain l'état de délabrement de la terrasse, la balustrade branlante qui ne servirait pas à grand-chose si quelqu'un me poussait dans le vide. Qui se soucierait d'une étrangère qui se promène sur le toit d'un immeuble en voie de démolition, en plein centre de Moscou ? Qui poserait des questions ? Je me reprends. Le voilà, le but de mon expédition, juste en face de moi : l'appartement du septième étage où les Gorbatchev habitaient à leur retour à Moscou. Il est manifestement inhabité. Il n'y a pas de rideaux ni de stores aux fenêtres. Les Gorbatchev auraient expressément demandé que personne n'occupe l'appartement après eux. Quant je pense à la crise du logement qui sévit à Moscou... Mes amies soviétiques s'entassent à six ou davantage dans deux ou trois pièces. Trois générations y cohabitent ; les petits-enfants ont depuis longtemps renoncé à chercher un logement indépendant. De toute façon, mes amies n'auraient jamais eu droit à celui que j'ai sous les yeux : elles ne sont pas membres du Politburo !

Je prends quelques photos, et regagne l'ascenseur avec précaution. Il me ramène saine et sauve au rez-de-chaussée. Avant de sortir, je fourre l'appareil photo dans mon sac à main — on ne sait jamais... La rue est tranquille ; le vent agite doucement les frondaisons des arbres. Je jette un dernier coup d'œil sur l'appartement du septième : ici ont habité Mikhaïl et Raïssa Gorbatchev. Et alors ? disent mes amies ; aujourd'hui, nous avons fait la queue pendant six heures pour avoir de la viande. Elles vont en faire des *pelmeni.* Je suis ravie. J'adore ces chaussons fourrés de viande, que l'on sert avec du beurre fondu ou de la crème fraîche. C'est justement le plat préféré de Raïssa.

Fin 1980, les Gorbatchev ont donc emménagé dans leur nouvel appartement de la rue Schouzeva. Il est nettement plus grand que le précédent : trois cent cinquante mètres carrés. L'immeuble date cette fois de l'ère Brejnev. En U.R.S.S., chaque gouvernement successif est caractérisé par un style architectural particulier, que les Russes identifient du premier coup d'œil. Sous Brejnev, l'on construisait d'énormes blocs de béton avec d'immenses fenêtres et des portails imposants. Les Gorbatchev y ont vécu plusieurs années, jusqu'à ce que Mikhaïl Sergueïevitch accède à la plus haute fonction du Parti. L'immeuble était réservé à l'élite moscovite de la « catégorie membres du Politburo », dont faisaient également partie, du moins jusqu'en 1980, la première cosmonaute soviétique, Valentina Terechkova, et la fille de Brejnev, Galina. Après l'accession au pouvoir de Gorbatchev, il y eut un sérieux coup de balai : les pratiques corrompues de ses prédécesseurs furent révélées à l'opinion. Les Soviétiques apprirent notamment que Galina Brejneva et son mari, Iouri Tchourbanov, à l'époque général et premier adjoint du ministre de l'Intérieur, avaient utilisé leur position pour accumuler une immense fortune ; mêlés à des affaires de fraude et de corruption, ils avaient exporté illégalement, par caisses entières, des objets précieux et des œuvres d'art, et s'étaient enrichis de bien d'autres façons encore aux dépens du peuple soviétique. Selon certains rapports, l'on aurait retrouvé dans leur appartement 100 000 dollars en billets, ainsi que des bijoux évalués à un million de dollars. En 1988, Tchourbanov a été condamné à dix ans de prison. Privée de tous ses privilèges, sa femme est devenue alcoolique et vit en permanence dans une maison de santé.

Le 11 mars 1985, l'opinion soviétique apprit que Mikhaïl Gorbatchev avait été élu Secrétaire général du Parti. Depuis Lénine, il était le huitième titulaire du poste. Dans son exposé, Gromyko (qui aurait cru cela du vieil apparatchik, après cinquante années de diplomatie !) justifiait notamment son vote favorable en disant que ce Gorbatchev avait un charmant sourire et d'excellentes dents. Ce compliment peut tout aussi bien s'adresser à Raïssa, même si, en ce qui concerne les dents, il a un peu fallu aider la nature. Ses dents éblouissantes ont apparemment poussé d'un coup à Moscou ; les photos prises à Stavropol sont nettement moins flatteuses.

Après son départ de Stavropol, Raïssa Maximovna abandonna ses activités professionnelles. Elle aurait pu continuer à enseigner à Moscou — les occasions ne manquaient certainement pas — mais elle préféra s'arrêter de travailler pour se consacrer entièrement à son mari. Bien que cette fonction n'existât pas officiellement pour l'épouse d'un secrétaire du comité central et membre du Politburo, elle devint la principale assistante de Mikhaïl Gorbatchev. Raïssa suivait attentivement toutes les publications, soviétiques et étrangères, dans le domaine de la sociologie. Elle tenait son mari au courant des travaux les plus récents dans sa spécialité, et lui traduisait les communications les plus importantes. Tout cela contribua indubitablement à la genèse de la pensée politique de Mikhaïl Sergueïevitch Gorbatchev et du programme qu'il devait appliquer après son accession au pouvoir, programme qui peut se résumer par ces deux mots clefs : glasnost (transparence, ouverture) et perestroïka (restructuration).

6.

Le petit paradis de l'élite moscovite

Le jour où Gorbatchev accéda à la plus haute fonction de l'Union soviétique en devenant Secrétaire général du Parti, l'existence quotidienne de sa famille changea brutalement. La vie des hauts dignitaires du Parti et de l'État était régie par un système mis en place depuis des décennies, selon lequel les avantages matériels dont bénéficie un fonctionnaire dépendent étroitement de sa position dans la hiérarchie. Dans ce système, un membre titulaire du Politburo est par exemple plus favorisé qu'un membre suppléant du Politburo, dont le « standing » sera lui-même différent de celui d'un secrétaire du comité central, etc. Les avantages dont jouit l'élite politique soviétique consistent en premier lieu en des logements confortables, voire somptueux, inaccessibles aux simples citoyens soviétiques. A cela viennent s'ajouter l'approvisionnement en denrées alimentaires de haute qualité, ainsi que des services et prestations : cuisiniers et femmes de ménage, serveuses, chauffeurs, médecins, etc. L'élite soviétique peut également passer des vacances en famille, aux frais de l'État, dans des stations réputées de la mer Noire ou de la Baltique.

Les revenus des hauts fonctionnaires soviétiques jouent un rôle secondaire dans l'évaluation de leur situation matérielle. Un membre du Politburo reçoit mensuellement

1 200 roubles (à titre de comparaison, le salaire moyen d'un ouvrier est de 234 roubles). Mais n'importe quel savant, artiste ou écrivain de premier plan gagne davantage qu'un haut fonctionnaire, et les revenus mensuels d'un gérant de restaurant coopératif peuvent atteindre 5 000 à 8 000 roubles.

Une différence essentielle entre l'Union soviétique et les pays occidentaux est que l'argent y a un pouvoir d'achat variable. Chez nous, mille francs dans la poche d'un manœuvre ont exactement la même valeur que mille francs dans celle d'un ministre. Par contre, pour Raïssa Maximovna Gorbatcheva, cent roubles n'ont pas du tout la même valeur que pour une simple ménagère soviétique. Avec cet argent, l'épouse d'un haut fonctionnaire peut acheter une grande variété de denrées, souvent importées, tandis qu'une femme « ordinaire » doit se contenter du maigre approvisionnement des magasins d'État. Habitués depuis l'enfance à acheter n'importe quoi avec leur argent, les Occidentaux ont souvent du mal à saisir cet aspect de la vie soviétique. Les conditions de logement illustrent bien la distinction qui existe en U.R.S.S. entre les privilèges et l'argent dont chacun peut disposer. Même en y consacrant toute sa fortune, le citoyen soviétique le plus aisé ne pourra pas obtenir un appartement de la catégorie réservée à l'élite politique et administrative du régime.

A partir de 1985, les Gorbatchev ont presque toujours vécu, comme le voulait la tradition, dans une datcha des environs de Moscou — et par « datcha » il faut entendre non une simple maison de week-end mais une grande propriété de campagne. Presque tous les membres du gouvernement habitent des datchas, situées dans un rayon de trente à quarante kilomètres de la capitale. Les datchas des principaux dirigeants du Parti et de l'État se trouvent à l'ouest de Moscou, sur la chaussée Roublev.

Jusqu'à une époque récente, les détails concernant la vie des « grandes familles » soviétiques étaient tabous. A la suite de la politique d'ouverture de Mikhaïl Gorbatchev, l'homme de la rue s'est mis à poser des questions. Ces privilèges étaient-ils vraiment nécessaires ? Quel était exactement le mode de vie des dirigeants du pays ? Ces critiques se sont notamment exprimées lors de la session de mars 1989 du Congrès des députés du peuple. A cette occasion, Mikhaïl Sergueïevitch Gorbatchev a décrit sa propre situation en ces termes : « Nous avons un appartement en ville. Ni moi-même ni les membres de ma famille ne possédons une datcha privée. Compte tenu des devoirs de leur charge, les membres de la direction politique du pays disposent toutefois de datchas appartenant à l'État. La datcha mise à la disposition du Secrétaire général du comité central du P.C.U.S. et président du Soviet suprême de l'U.R.S.S. afin de lui permettre de faire son travail est équipée en conséquence. Des salles sont réservées aux réunions du Politburo et du praesidium du Soviet suprême, et aux rencontres avec des dirigeants de pays étrangers. Il y a également un cabinet de travail, une bibliothèque, ainsi qu'une centrale radio très moderne et d'autres installations techniques nécessaires pour exercer les fonctions de président du Conseil de la défense. Seule une partie de la datcha est destinée à l'usage privé de la famille. »

La chaussée Roublev n'est pas très large. Des contre-allées bordées d'arbres lui donnent un air romantique. Il est difficile de croire que l'on n'est qu'à quelques kilomètres de la bruyante et polluée Moscou. Les camions n'empruntent pas l'étroite route à deux voies. Seules de rares automobiles y circulent ; la plupart sont des Volga ou des Tchaïka noires. Parfois, l'on voit filer à toute allure une Zil : un haut dignitaire gagne sa datcha ou en revient. Ce modèle de voiture est exclusivement réservé aux membres et suppléants du Politburo et aux secrétaires du comité central. Les vitres teintées empêchent de voir l'intérieur. Peut-être la puissante limousine blindée emmène-t-elle en ville un membre de la famille Gorbatchev. Lorsque Mikhaïl Sergueïevitch lui-même se déplace, sa Zil est accompagnée d'un cortège de voitures officielles : d'abord la Mercedes des forces de sécurité, ensuite une ou deux Volga noires, puis deux Zil, suivies d'un modèle break — l'ambulance ; une dernière Volga ferme la marche. Pour des raisons de sécurité, personne ne sait dans quelle voiture Gorbatchev a pris place, seul ou accompagné de membres de sa famille. En toutes circonstances, les Gorbatchev sont escortés par des membres des services de sécurité, en général entre sept et douze hommes. Leur chef voyage dans la même voiture que celui ou celle qu'il est chargé de protéger. Les autres policiers sont dans les Volga noires et dans la seconde Zil.

La Sûreté soviétique utilise des Mercedes depuis les années soixante-dix, lorsque le ministère de l'Intérieur, alors dirigé par Cholkov, commanda quantité de voitures de cette marque. Un garage spécialisé dans l'entretien des Mercedes — le seul en Union soviétique — fut également créé à cette occasion : la station technique N° 7, à Moscou. Certains membres de l'élite politique ont toujours des Mercedes. Anatoli, le gendre de Gorbatchev, conduit par exemple une 280 S grise.

Pour son usage personnel, Raïssa dispose d'une Tchaïka ; elle ne se déplace bien entendu qu'accompagnée d'un ou deux gardes du corps. Les Russes appellent ces policiers « prikreplionnyi », ce qui peut se traduire par « deuxième ombre ».

Les femmes de la famille Gorbatchev, Raïssa et Irina, n'ont pas de permis de conduire. En Union soviétique, il est rare que les femmes conduisent. En tout état de cause, les gardes du corps ne permettraient jamais à Mikhaïl Sergueïevitch ou à Raïssa Maximovna de prendre le volant. Ce serait un trop grand risque. Il y a pourtant des exceptions. J'ai assisté personnellement à la scène suivante. Le 14 juillet 1989, à l'issue d'une session du Soviet suprême qui s'était prolongée assez tard, Gorbatchev invita les membres du gouvernement à dîner dans son appartement de la Kossyguine Oulitsa. Les Zil officielles attendirent jusqu'à vingt-trois heures dans l'enceinte gouvernementale, puis repartirent en direction de la chaussée Roublev. Le lendemain, un samedi, une Zil sans escorte s'arrêta devant l'entrée. Mikhaïl Gorbatchev, vêtu d'un complet d'été de couleur claire, en descendit et disparut dans l'immeuble. La limousine fit quelques manœuvres, comme si le chauffeur cherchait le meilleur emplacement. Moins d'un quart d'heure après, Mikhaïl Sergueïevitch et sa femme Raïssa, qui portait un ensemble de lin blanc, sortirent bras dessus, bras dessous ; ils paraissaient d'excellente humeur. Raïssa avait passé la nuit dans l'appartement de sa fille Irina. Le chauffeur, en bras de chemise, sortit précipitamment de la voiture pour ouvrir la portière. Gorbatchev lui fit signe qu'il n'y tenait pas ; il ouvrit la portière à Raïssa puis monta également. Aucun policier ou garde du corps n'était en vue. Il semble donc qu'à l'occasion la première famille soviétique traverse Moscou dans un parfait incognito.

Du Kremlin, du Fonds culturel ou du siège du comité central du P.C.U.S., sur la Place-Vieille, vingt-cinq minutes suffisent pour gagner la datcha des Gorbatchev. De la chaussée Roublev, il faut prendre une petite route asphaltée ; en quelques minutes, l'on atteint l'enceinte du domaine. Toutes les datchas gouvernementales ont une clôture similaire : haute de près de trois mètres et surmontée d'un barbelé électrifié. Derrière l'imposant portail se trouve un poste de garde où des hommes du K.G.B. se relaient vingt-quatre heures sur vingt-quatre. Un officier me reçoit.

La sécurité du Secrétaire général et des membres de sa famille est assurée par des engagés volontaires. Le corps de garde est divisé en deux sections. Le « groupe extérieur », composé d'une douzaine d'hommes, accompagne Mikhaïl Sergueïevitch et Raïssa Maximovna dans tous leurs déplacements, en Union soviétique comme à l'étranger. Le second groupe surveille en permanence l'appartement moscovite et la datcha des Gorbatchev. Selon que le « maître de maison » est présent ou non, le nombre des gardes varie. Lorsqu'il est absent, trois à quatre hommes surveillent la maison, en plus de l'équipe du poste de garde. Lorsque Gorbatchev est là, des sentinelles sont postées à intervalles réguliers le long de l'enceinte. Les voies d'accès à la datcha (de celle-ci à l'enceinte, il y a trois à quatre kilomètres dans toutes les directions) sont contrôlées par un système d'alarme électrique. Dans les bois qui entourent la datcha, des fils presque invisibles sont tendus au ras du sol ; si quelqu'un les touche en tentant de s'approcher, l'alerte est aussitôt donnée, et un détachement accompagné de chiens policiers est envoyé sur les lieux.

La datcha est dirigée par un officier (généralement un colonel) responsable à la fois de la sécurité et de l'entretien de la maison et du domaine. La garde est composée de soldats de carrière de la 9e division du K.G.B., chargée d'assurer la sécurité des membres du Politburo, des membres titulaires et suppléants du comité central du P.C.U.S., et des candidats au Politburo, ainsi que de leurs familles. Des cuisiniers aux serveurs et des femmes de ménage aux jardiniers, les membres du personnel sont presque tous des soldats de carrière.

Une fois le portail franchi, la voiture suit lentement une allée conduisant à la maison. Le vaste domaine est presque entièrement couvert de bois où pins et épicéas côtoient des arbustes feuillus. Le bâtiment principal (d'où une allée descend vers le fleuve) est entouré de parterres de fleurs, dont certains dessinent des motifs géométriques. Raïssa a toujours aimé les fleurs et les plantes. Lors de son voyage à Cuba, elle ne cessait de s'enquérir du nom des espèces tropicales, et de demander si certaines d'entre elles pourraient s'acclimater à Moscou. Le jardin de Raïssa est plein de glaïeuls, de tulipes et d'asters ; l'on y voit même des rosiers, bien qu'ils supportent assez mal le climat de la région. La maison est entourée de lilas, fleur souvent cultivée en Russie, dont Raïssa adore le parfum. Dans le domaine, il y a aussi une grande serre chaude, où prospèrent des légumes tels que concombres, tomates et potirons, ainsi que des fleurs, dont beaucoup ont été ramenées par Raïssa de ses voyages : orchidées tropicales, roses, œillets, narcisses, crocus et bien d'autres. Près de l'enceinte se trouve un verger planté de pommiers, de poiriers, de pruniers et de cerisiers, ainsi que d'arbustes à fruits : framboisiers, groseilliers et groseilliers à maquereau. Dans le parc, des paons, des faisans et des pintades vivent en liberté ; les paons et faisans, d'origine plus méridionale, se sont apparemment habitués aux rudes hivers moscovites.

Raïssa Maximovna dirige elle-même les plantations et l'entretien du jardin et du parc. Elle est dans son élément. Tout doit être parfait : les troncs des arbres fruitiers sont passés à la chaux, les plates-bandes sont soigneusement désherbées. Les bois sont eux aussi régulièrement entretenus : les arbres morts ou malades sont abattus, les sous-bois sont éclaircis, les arbustes gênants sont supprimés. La forêt n'en conserve pas moins un aspect naturel, presque sauvage. Elle est habitée par des milliers d'oiseaux et de petits animaux. C'est un lieu protégé, où l'homme pénètre rarement. Les bois vont presque jusqu'à la maison principale ; des sentiers les parcourent dans toutes les directions. Par n'importe lequel, une demi-heure suffit, en marchant d'un bon pas, pour atteindre le large chemin de ronde qui longe toute l'enceinte. Pour en faire le tour, il faut deux bonnes heures.

En contournant la maison, l'on s'aperçoit que des galeries fermées la relient à d'autres bâtiments. L'une d'elles conduit à une structure en verre et métal qui abrite la piscine et le sauna. L'été, les parois s'escamotent automatiquement, et l'on peut se baigner à l'air libre, entre les plates-bandes fleuries et les arbres. Autour du bassin sont disposés des sièges finlandais en rotin : fauteuils à bascule, chaises longues, lits de repos garnis de coussins. La couleur de l'eau peut changer à volonté : du bleu profond de la mer par un beau jour d'été au vert pâle des vagues par gros temps. Cela rappelle aux Gorbatchev leur datcha de Pitsounda, sur le littoral de la mer Noire. Le soir, la piscine est éclairée par des projecteurs disposés derrière des hublots.

Pour gagner le sauna, il faut descendre quelques marches en marbre. L'on arrive d'abord dans une grande pièce aux murs revêtus de bois clair. Tout le mobilier est importé de Finlande. Il y a une grande table et des tabourets ; des sièges confortables sont disposés en demi-cercle devant la cheminée. Une massive porte en bois donne accès au sauna proprement dit. C'est un sauna finlandais, à vapeur sèche. Depuis une vingtaine d'années, l'Union soviétique connaît un véritable boom du sauna. Les fonctionnaires veulent tous en avoir un chez eux.

C'était presque un « must » pour faire partie de la bonne société.

Une seconde galerie, qui part d'une autre aile de la maison, mène aux salles de service : cuisine, cellier et salles de repos du personnel. La vaste cuisine est équipée avec du matériel entièrement importé de l'Ouest : une grande cuisinière, des tables, et quantité d'appareils électroménagers. Les salles de repos sont confortables, mais simples ; elles rappellent les chambres d'hôtel soviétiques de catégorie « touriste ». Il y a également un coin télévision et une salle à manger.

La datcha elle-même a deux étages ; sa surface au sol est de près de 1 000 mètres carrés. La plupart de ces immenses datchas gouvernementales ont été construites entre les années trente et le début des années cinquante — autrement dit, pendant l'ère stalinienne. Par leur architecture comme par leur aménagement intérieur, elles se ressemblent beaucoup. Elles sont généralement carrées ou rectangulaires, avec une grande véranda sur l'arrière. La construction est en briques d'un ton jaunâtre, ornées de stucs. La toiture est en métal peint en vert foncé. Presque toujours, une partie du toit est en terrasse, ce qui permet d'y faire du sport ou d'y prendre des bains de soleil. Ce style architectural rappelle le constructivisme ou le modernisme des années trente à quarante. C'est le style de Le Corbusier. Les architectes soviétiques qui ont conçu ces maisons étaient très influencés par le grand architecte français d'origine suisse. Le Corbusier lui-même a d'ailleurs travaillé en Union soviétique ; plusieurs bâtiments moscovites ont été construits d'après ses plans, notamment l'hôtel Moskva, près de la place Rouge. Staline aimait le style de Le Corbusier : il ordonna donc aux architectes soviétiques de s'en inspirer.

La datcha de Gorbatchev se trouve à Radory, nom du

complexe de datchas de la chaussée Roublev. Sa construction a coûté pas moins de six millions de roubles (sans compter la décoration intérieure et les sanitaires). Ce prix comprend toutefois l'aménagement d'une piste pour hélicoptères, le centre de communications ainsi qu'un bâtiment où sont logés les invités de marque. La maison principale a une vingtaine de pièces, dont les plus grandes sont la salle à manger, la salle de cinéma et la salle de billard. Les chambres sont de dimensions plus modestes. Aujourd'hui comme à l'époque stalinienne, l'aménagement intérieur comprend des cloisons entièrement lambrissées, de massifs fauteuils et sofas en cuir et de lourds volets. Aujourd'hui encore, les meubles destinés aux datchas gouvernementales sont fabriqués par l'entreprise moscovite « Lux ». Une caractéristique de ces datchas est que les couloirs sont invariablement recouverts de moquette couleur framboise bordée des deux côtés d'une large bande vert foncé et d'une mince bande couleur sable — cette moquette est couramment appelée « tapis du Kremlin ». Toutes les pièces ont un parquet à larges lattes, en chêne couleur havane. Le parquet des chambres d'hôtes est par contre de deux couleurs : havane et brun foncé.

La datcha est presque aussi fleurie que le parc : des bouquets et des plantes décoratives sont disposés partout. Il y a également un grand jardin d'hiver, où la température et le taux d'humidité sont contrôlés. Lorsque le paysage est pris sous la neige, les palmiers et les orangers créent un cadre tropical particulièrement insolite.

Bien que la datcha des Gorbatchev soit dans l'ensemble confortable et luxueuse, son atmosphère est assez froide et impersonnelle. L'on sent que ce n'est pas une maison de famille où les générations se sont succédé, mais qu'il s'agit avant tout d'une résidence « officielle ».

Une aussi grande propriété exige bien entendu un

important personnel. Celui-ci peut être divisé en quatre catégories : les jardiniers et les ouvriers chargés de l'entretien du parc ; les cuisiniers et serveurs ; les femmes de ménage ; enfin, le personnel « technique », électriciens, plombiers, chauffagistes, menuisiers, etc. Les cuisiniers sont aussi bien des hommes que des femmes, mais le chef est habituellement un homme. Le personnel est placé sous les ordres d'une intendante, qui contrôle la propreté de la maison et supervise le travail des cuisiniers et des serveuses. Avant d'être engagé, tout membre du personnel fait l'objet d'une enquête minutieuse ; s'il est accepté au terme de cette longue procédure, il doit s'engager par écrit à observer le silence le plus absolu sur ses activités au service du gouvernement, et ce jusqu'à la fin de ses jours. Tout doit rester « top secret ».

L'entretien d'une telle propriété n'est pas une mince affaire. Été comme hiver, toutes les chambres sont quotidiennement passées à l'aspirateur, et les meubles sont dépoussiérés. Une fois par mois, c'est le « grand nettoyage ». Des femmes en blouse blanche s'acquittent de ces travaux avec un soin et une rapidité qui contrastent vivement avec le manque d'enthousiasme du travailleur soviétique moyen. Le personnel de maison travaille par roulement : vingt-quatre heures de service, suivies de deux jours de congé. Il va sans dire que le personnel de la datcha gouvernementale n'est pas envoyé par l'entreprise de services qui fait parfois de la publicité à la télévision, et à laquelle tout citoyen soviétique peut faire appel.

Raïssa Maximovna adore la porcelaine de Meissen. Dans les vitrines sont exposés de nombreux vases et figurines en Meissen. Certains lui ont été offerts à l'occasion de ses voyages en R.D.A., où se trouve la célèbre manufacture de porcelaine. Raïssa est une connaisseuse ; elle a appris à juger de l'authenticité et de l'ancienneté d'une pièce. En visitant le musée de la vieille ville de La Havane, elle consterna le directeur en soulevant de son socle un vase précieux pour en examiner les marques. La collection de porcelaines des Gorbatchev comprend des pièces uniques datant d'avant la révolution de 1917. La plus ancienne vient de la manufacture Gardner, ancien établissement germano-hollandais de Saint-Pétersbourg, qui avait notamment réalisé les célèbres porcelaines de Kousnezov qui appartenaient aux Romanov. Raïssa Maximovna a également une préférence marquée pour l'argenterie de Fabergé. Elle choisit elle-même les membres du personnel chargés de nettoyer et d'entretenir ses précieuses collections.

La première famille de l'Union soviétique est approvisionnée aux frais de l'État. Depuis que Mikhaïl Sergueïevitch est devenu Secrétaire général, Raïssa n'a plus besoin d'aller faire les courses dans les magasins réservés à la nomenklatura. Il suffit de commander, et tout est livré à domicile. Raïssa compose elle-même les menus de la famille. Une fois par semaine, elle soumet sa liste à l'approbation d'un diététicien. En fait, c'est lui qui décide de ce que les Gorbatchev mangeront ou non. Une directive du Politburo donne au diététicien le droit de trancher en dernière instance.

La cuisine de la datcha — ainsi que celle de l'appartement de Moscou — est placée sous le contrôle du K.G.B. Des agents des services secrets vont porter tous les plats à une commission chargée de les analyser et de les goûter. En russe, l'on appelle ces dégustateurs « gribnoï cheloveg » — « les gens aux champignons », car ils seraient les premiers à s'empoisonner s'il y avait des champignons vénéneux dans un ragoût. Le rapport dûment tamponné certifiant que les aliments sont sans danger ne porte pas moins de dix signatures. Raïssa n'a plus le droit de faire la cuisine ; contrairement à d'autres interdits, dont elle s'accommode fort bien, celui-ci la touche au vif. Elle adore cuisiner ; à Stavropol, elle demandait à toutes ses collègues des recettes de pâtisserie. Malheureusement, la première dame du pays a dû renoncer à ce hobby : en théorie, Raïssa ne pourrait-elle pas un jour décider d'empoisonner son mari ?

Les aliments destinés au chef du Kremlin sont contrôlés non seulement à Moscou, mais dans toutes les autres villes où il se rend, en Union soviétique comme à l'étranger. Même à Privolnoïe, la mère de Mikhaïl Sergueïevitch, qu'il appelle tendrement « Baba Manja », ne peut pas faire la cuisine pour lui. Lorsqu'il lui rendit visite en été 1988, ce fut en vain qu'elle supplia les officiers de la sûreté de l'autoriser à faire quelque chose à manger pour son fils. Elle se heurta à un refus catégorique. Ce processus de vérification des aliments se répète tous les jours, à tous les repas. Les gardes qui ont porté les plats à la commission chargée des analyses les ramènent à la cuisine et continuent à les surveiller jusqu'au moment où ils sont servis.

L'approvisionnement de la famille Gorbatchev est organisé ainsi : Raïssa passe tous les jours sa commande à un entrepôt spécial de la rue Tranovski, qui est en fait le département N° 9 des grands magasins Goum. Les produits frais sont livrés rapidement, et les denrées de longue conservation, une à deux fois par mois. Cela me rappelle une anecdote que des connaissances moscovites m'ont racontée. Deux amis se rencontrent dans la rue et se mettent à bavarder : « Tu as vu la dernière photo de Raïssa Gorbatcheva ? — Non, pourquoi ? — Sur la photo, elle pleure à chaudes larmes. — Pas possible ! Qu'est-ce qui s'est passé ! — Il paraît qu'elle a perdu ses tickets de sucre. » Cette histoire correspond à une situation bien précise, et éclaire le sens de l'expression « denrées déficitaires ». Depuis mai 1989, le sucre est rationné à Moscou ; chaque habitant de la capitale reçoit mensuellement un bon lui permettant d'acheter deux kilos de sucre. Le prix du kilo est de 94 kopecks, ce qui correspond à peu près à dix francs français. Cette mesure est consécutive à la campagne contre l'alcoolisme lancée par Mikhaïl Gorbatchev pour redonner à ses concitoyens le goût du travail. La vente de boissons alcoolisées étant interdite, nombre d'alcooliques invétérés se sont mis à en fabriquer eux-mêmes et ont à cette fin acheté d'énormes quantités de sucre, ce qui a entraîné une pénurie généralisée.

A l'ère de la perestroïka, l'opinion a vivement critiqué le système d'approvisionnement des fonctionnaires. Tant que les dirigeants ou leurs femmes n'iront pas faire leurs courses dans les magasins d'État ou sur les marchés des kolkhozes, disait-on, la situation ne s'améliorera pas. Cette vague de contestation a provoqué la fermeture de certains magasins réservés aux privilégiés du régime (leur désignation officielle était « cantines pour une alimentation saine » !). A Moscou, un de ces centres de distribution se trouvait tout près du Kremlin. A partir de midi, la petite rue Tranovski était noire de Volga et de Tchaïka : les chauffeurs et les épouses des hauts fonctionnaires venaient chercher leurs « rations ». Aujourd'hui, seuls bénéficient encore de ce privilège les membres du gouvernement, les secrétaires du comité central et les membres du Politburo. Compte tenu de la pénurie qui continue à régner en Union soviétique, où certains produits sont tout simplement introuvables, il serait sans doute difficile d'imaginer une autre solution pour approvisionner « dignement » les dirigeants du pays. Il est probable que ce système se perpétuera encore longtemps.

Les dirigeants de l'U.R.S.S. bénéficient également de soins médicaux de très haute qualité. Depuis les toutes premières années de l'État soviétique, les responsables politiques étaient soignés dans des cliniques spéciales. Jusqu'à la fin des années trente, l' « administration médicale et sanitaire du Kremlin » était responsable de tous les soins dispensés à l'élite politique. Chaque famille avait son médecin attitré, en général un professeur, qui pratiquait tous les examens nécessaires et appelait au besoin des spécialistes en consultation. Lorsqu'une hospitalisation ou des examens en milieu hospitalier s'avéraient nécessaires, le patient était transféré à la « Kremliovka », la clinique du Kremlin.

Cet hôpital existe toujours. C'est un bâtiment grisâtre de trois étages, situé à l'angle de la rue Tranovski et de l'avenue Kalinine, à pas plus de cinq cents mètres de l'enceinte du Kremlin. L'intérieur évoque irrésistiblement le souvenir de Staline, Khrouchtchev, Brejnev... (l'on s'y occupait aussi, d'ailleurs, de la santé de ceux qui avaient été interrogés à coups de matraque en caoutchouc ou torturés à l'électricité). L'aménagement intérieur de la « Kremliovka » n'a pratiquement pas changé depuis les années trente. Des lambris de chêne recouvrent les murs des couloirs et des chambres, les couloirs sont tendus des inévitables « tapis du Kremlin » ; les salles d'attente et les cabinets des médecins sont meublés de massifs fauteuils en cuir ; les lourdes portes seraient mieux à leur place dans un château médiéval. Aujourd'hui encore, seuls les plus hauts dirigeants du pays y sont admis. Les simples ministres et autres membres du gouvernement n'y ont pas accès ; ils sont soignés à la « polyclinique N° 1 », qui se trouve également au centre de Moscou, dans une calme ruelle du quartier de l'Arbat. Il existe aussi d'autres cliniques réservées à la caste dirigeante. L'une d'elles est située à la limite sud-ouest de la capitale, dans un quartier que l'on pourrait qualifier de « résidentiel », car il n'y a pas d'usines à proximité. Une autre clinique se trouve à Kopszevo, sur la chaussée Roublev, non loin des datchas gouvernementales. Cet énorme complexe hospitalier peut accueillir plusieurs milliers de malades en même temps. Le domaine, très boisé, est entouré d'une haute enceinte, et fait l'objet d'une surveillance constante. Des petits pavillons isolés sont exclusivement réservés aux hauts fonctionnaires et aux membres de leur famille. C'est dans un de ces pavillons que l'ex-Secrétaire général du comité central du P.C.U.S. passa les derniers mois de sa vie, de novembre 1982 à février 1984 : atteint d'une grave maladie rénale, Iouri Andropov était constamment sous dialyse. Sa femme Philipovna ne quittait pas son chevet.

Actuellement, les soins dispensés à Mikhaïl Sergueïevitch et à sa famille se limitent à des bilans de santé périodiques et à des traitements préventifs. Pour la première fois depuis la révolution de 1917, en effet, le Secrétaire général du Parti est un homme jeune, et non, comme ses prédécesseurs, un homme âgé, voire un vieillard. En plus du médecin généraliste qui leur est attaché, les Gorbatchev font appel aux services d'un diététicien, d'un kinésithérapeute et de masseurs. Mikhaïl Sergueïevitch et sa femme font régulièrement de la gymnastique médicale suivie de massages, à Moscou comme dans leur datcha de Pitsounda. Bien que toute la famille soit en parfaite santé, une petite équipe médicale se trouve toujours à proximité en cas d'urgence. Comme dans tous les pays, les plus grands spécialistes sont bien entendu à la disposition du chef de l'État. Les meilleurs médecins soviétiques ont presque tous le statut de consultant auprès du 4e département du ministère de la Santé, responsable des soins dispensés aux dirigeants politiques. Ce service a longtemps été dirigé par E. I. Iazov — « notre spécialiste de la santé et ami », comme l'a appelé Brejnev à l'occasion d'une remise de décorations au Kremlin. Devenu ministre de la Santé, E. I. Iazov est toujours aussi proche des dirigeants du Kremlin. Cela met en lumière une curieuse particularité de la structure politique soviétique : alors que Brejnev et les anciens cadres politiques sont aujourd'hui critiqués et rejetés, les conseillers techniques de l'époque ont conservé la confiance des dirigeants actuels. Pour citer un autre exemple, l'ex-garde du corps personnel de Leonid Brejnev, A. T. Medveïev, est devenu le chef des forces de sécurité de Mikhaïl Gorbatchev.

Mais revenons à E. I. Iazov. Il ne traite pas personnellement les Gorbatchev, mais supervise tous les soins médicaux dispensés à Mikhaïl et à Raïssa. Sa fonction est celle d'un coordinateur : il désigne les spécialistes dont les services sont requis, et contrôle les médicaments prescrits. E. I. Iazov est très connu des milieux médicaux. Il est vice-président du mouvement « Médecins pour la Paix », qui lutte au niveau mondial pour l'interdiction des armes nucléaires. C'est lui aussi qui, après la catastrophe de Tchernobyl, a fait venir dans les régions contaminées d'Ukraine le spécialiste américain des radiations, Gale. Indubitablement, E. I. Iazov est le « médecin de cour » de la première famille soviétique. Son « médecin ordinaire » est Vladimir N. Iariguine, directeur du 2ᵉ Institut de médecine de Moscou, où Irina, la fille de Raïssa, est chargée de cours.

Depuis peu, la vue de Raïssa Maximovna a baissé. Pour lire, elle doit maintenant porter des lunettes. Sa fille Irina, qui est myope, préfère les lentilles de contact. Elles sont suivies par le célèbre ophtalmologue Fiodorov, qui a également opéré avec succès un cousin des Gorbatchev, Fedija Rodtchenko, qui se trouve aujourd'hui à la tête de la région de Privolnoïe, lieu de naissance de Mikhaïl Gorbatchev. En 1966, Raïssa avait souvent mal dans la région abdominale. Comme elle avait trop de travail, elle s'efforça d'oublier la douleur et n'alla pas consulter un médecin. Peu après, alors qu'elle dansait avec Mikhaïl lors d'une soirée, elle devint soudain pâle comme un linge. Mikhaïl la conduisit aussitôt à l'hôpital régional de Stavropol. Diagnostic : appendice perforé. Raïssa avait de la chance de ne pas être une « simple mortelle » : le professeur Iouri Guibezki l'opéra le soir même et put la sauver.

De même que l'élite politique soviétique a ses cliniques réservées, nombre d'entreprises et d'institutions, par exemple l'Académie des sciences, ont leurs propres hôpitaux. En règle générale, la qualité de l'accueil et des soins y est bien meilleure que dans les polycliniques et hôpitaux publics ouverts au simple citoyen. En U.R.S.S. les soins médicaux sont gratuits ; en théorie, tout citoyen soviétique a un droit égal à une médecine de qualité. La réalité est fort différente : chaque patient de la clinique du 4ᵉ département coûte dix à quinze fois plus cher qu'un patient de l'hôpital d'État situé à proximité. Depuis que ces faits sont connus, ils ont fait l'objet de vives critiques, mais dans ce domaine (contrairement à ce qui s'est produit pour l'approvisionnement), la nomenklatura n'est pas près de renoncer à ses privilèges. La santé passe avant tout.

En plus de leur datcha, les Gorbatchev disposent, comme nous l'avons vu, d'un appartement à Moscou, qu'ils utilisent surtout lorsqu'il est trop tard pour regagner la chaussée Roublev. En 1918, le gouvernement soviétique avait quitté Petrograd pour gagner la nouvelle capitale, Moscou. Vladimir Ilitch Lénine et ses proches collaborateurs s'installèrent au Kremlin, dans des appartements relativement modestes où habitaient avant la révolution le personnel de service et les membres de la suite du tsar. Le tsar lui-même et sa famille occupaient de splendides appartements d'apparat, mais ces derniers n'ont jamais été utilisés par les Secrétaires généraux du Parti communiste soviétique. Dans les années vingt et trente, Staline, les membres du Politburo et quelques candidats au Politburo résidaient également au Kremlin. Les appartements étaient tous aménagés de façon identique : massifs meubles en bois et fauteuils en cuir, que l'on recouvrait l'été de housses de toile blanche. Les responsables politiques disposaient également d'un immeuble résidentiel de six étages dans la rue Tranovski, non loin de la polyclinique du Kremlin. Avant la révolution, il était habité par des écrivains, des acteurs et des membres influents de la haute bourgeoisie. Le nouveau gouvernement réquisitionna l'immeuble, fit transporter les beaux meubles anciens et les tableaux dans des entrepôts, et les remplaça par le mobilier standard du Kremlin. Certains appartements n'étaient pas occupés en permanence. Ils étaient mis à la disposition des membres du comité central qui ne résidaient pas à Moscou, quand ils venaient dans la capitale pour participer aux sessions, ou lorsque Staline les avait convoqués. Les chefs de l'Armée rouge et les principaux commissaires du peuple (ministres) habitaient également cet immeuble, dont la façade est couverte de plaques commémoratives.

Après la mort de Staline en 1953, les nouveaux dirigeants quittèrent le Kremlin pour de grandes et confortables maisons individuelles construites à la limite sud-ouest de Moscou, sur les rives de la Volga, près des monts Lénine (les anciens monts des Moineaux). Chaque pavillon est entouré d'un haut mur en pierres qui le cache, non seulement de la rue, mais aussi des maisons voisines. Extérieurement comme intérieurement, ces maisons rappellent beaucoup les datchas des environs de la capitale.

Leurs murs peints en beige et leurs toitures vert foncé font maintenant partie du paysage des monts Lénine.

Après la chute de Nikita Khrouchtchev, la nouvelle direction politique du pays, Leonid Brejnev en tête, déclara non sans cynisme qu'il était antidémocratique d'habiter d'aussi grandes maisons. En toute hâte, des appartements furent construits pour les dirigeants de la « nouvelle vague » dans des rues calmes du centre de Moscou. Ces logements plus « démocratiques » avaient quelque dix à quinze pièces et une superficie de 300 à 600 mètres carrés. C'est dans un de ces appartements que les Gorbatchev emménagèrent en 1980.

Les luxueuses demeures des monts Lénine n'ont pas été détruites pour autant. Actuellement, elles servent surtout à héberger des hôtes de marque étrangers. Un bâtiment situé à proximité permet d'organiser des réceptions qui, pour des raisons protocolaires, ne peuvent se tenir au Kremlin. Il y a également un complexe sportif, avec salles de gymnastique, piscine couverte et deux courts de tennis.

Vers le milieu des années soixante-dix, une maison de trois étages entourée d'une simple grille en fer a été construite non loin de ces pavillons. L'ex-président du Conseil des ministres, A. N. Kossyguine, et deux autres hauts fonctionnaires s'y installèrent peu après. Kossyguine occupait un appartement ultramoderne d'environ 500 mètres carrés avec sauna, petite piscine privée et jardin exotique, et pouvait disposer du toit en terrasse pour prendre le soleil.

Leonid Brejnev, lui, préféra emménager dans un appartement qui tenait un étage entier d'un immeuble de l'avenue Koutouzov — la « rue du gouvernement », que les membres du Politburo empruntent pour gagner leurs datchas. Par la suite, à la fin des années soixante-dix, Brejnev se fit installer un appartement en plein centre de

Moscou, dans la calme rue Tchoussev, nommée d'après un grand architecte soviétique des années vingt à quarante. Pour on ne sait quelle raison, le nouvel appartement déplut à Brejnev, qui ne l'utilisa jamais. Il séjournait d'ailleurs rarement dans l'appartement de l'avenue Koutouzov, préférant habiter en permanence sa datcha.

Fin 1986, le nouveau Secrétaire général Mikhaïl Sergueïevitch Gorbatchev et sa femme s'installèrent dans un nouvel immeuble de la rue Kossyguine, sur les monts Lénine. C'est un cube en béton de trois étages, recouvert d'un crépi jaunâtre. Les Gorbatchev ont pour voisins la fille et le gendre d'Alekseï Kossyguine.

La maison où habite le Secrétaire général est entourée d'un gazon soigné et d'un grillage en fer de couleur foncée. Devant l'entrée, il y a un petit parterre de fleurs. Comparée aux artères commerçantes de Moscou, telle que l'avenue Kalinine, la rue Kossyguine est relativement calme. L'allée centrale est plantée de magnifiques vieux arbres. De l'arrière de la maison, l'on a une vue splendide sur Moscou. Les monts Lénine, situés à une quinzaine de kilomètres de la place Rouge, sont fort pittoresques. Avant la révolution, ces collines qui s'étendent sur plusieurs kilomètres le long de la Moskova étaient un but d'excursion très prisé des Moscovites. Elles étaient parcoures par des allées cavalières, et l'on y avait aménagé les premières pistes cyclables du pays. Aujourd'hui encore, de nombreux Moscovites viennent passer le dimanche dans ce site verdoyant.

Au rez-de-chaussée de la maison des Gorbatchev se trouvent le poste de garde, le centre de communications, la cuisine et une salle de repos pour les chauffeurs. Au premier étage, il y a une infirmerie, une salle de gymnastique et de massage, un sauna et une piscine. Le second étage est divisé en deux appartements, occupés par d'autres membres du gouvernement. Au troisième étage, sur quelque 500 mètres carrés, habitent Mikhaïl Sergueïevitch et Raïssa Maximovna, ainsi que leur fille Irina, le mari de celle-ci, Anatoli, et leurs enfants Xénia et Anastasia. La maison est équipée d'une antenne de télévision permettant de capter les émissions occidentales relayées par satellite. Il y a également une piste d'atterrissage pour hélicoptères.

En photographiant la maison de Gorbatchev, je me suis une fois de plus rendu compte que « perestroïka » et « glasnost » n'étaient pas de vains mots. Un ami soviétique m'y avait conduite dans sa Lada. Il put se garer à proximité, et nous avons lentement suivi le trottoir. Arrivée à bonne distance, j'ai sorti mon appareil photo et pris plusieurs clichés, tout en faisant part de mes impressions à mon compagnon. Surprise par son mutisme, j'ai levé la tête... il avait disparu. Je me demandais ce qui avait pu le faire fuir, lorsque je vis qu'un milicien armé d'une mitraillette venait droit vers moi. Je lui tendis la main et lui expliquai pourquoi il me fallait une ou deux bonnes photos de la maison de Mikhaïl Gorbatchev. « Je vous en prie, dit-il. Prenez autant de photos qu'il vous plaira. Puis-je vous renseigner ? Malheureusement, le camarade Gorbatchev est au Kremlin, et sa femme a regagné la datcha depuis hier. Sa fille est rentrée il y a une heure, elle se repose en vue de la réception de ce soir. Je ne peux malheureusement pas vous faire visiter la propriété, mais patience : si la glasnost et la perestroïka font encore des progrès, ce sera peut-être possible l'année prochaine. »

Je n'en croyais pas mes oreilles. Il n'y a pas si longtemps, on m'aurait arraché l'appareil photo des mains... et c'est moi qui aurais dû satisfaire la curiosité du K.G.B.

7.

Raïssa au service de la culture

Rien n'est plus comme avant. 1985, l'année où Mikhaïl Gorbatchev a pris les affaires du pays en main, a marqué une coupure complète dans l'histoire de l'Union soviétique. Bien des encombrantes reliques du passé ont été jetées par-dessus bord. Des choses auparavant inimaginables sont devenues des événements quotidiens.

L'on n'avait jamais vu cela. L'épouse du Secrétaire général, devenue très officiellement la collaboratrice du chef de l'État pour les questions sociales, est à ce titre employée par le praesidium du Soviet suprême et touche un salaire de plusieurs centaines de roubles par mois. En plus de la Tchaïka dont elle dispose pour son usage personnel, elle a une voiture de fonction, même si ce n'est qu'une Volga, l'« automobile des classes moyennes ». Ce n'est pas tout. Le 13 novembre 1986, Raïssa Maximovna commence à exercer une autre fonction bien rémunérée, celle de vice-présidente du Fonds culturel soviétique. Cet organisme né de la perestroïka est responsable de la préservation et de la diffusion de l'art et de la culture soviétiques ; son mot d'ordre est : seule une élévation du niveau culturel de la population permettra de résoudre les problèmes sociaux et économiques. Le salaire mensuel de la vice-présidente Raïssa Gorbatcheva était de 700 roubles.

Cette nomination déclencha le premier scandale de l'ère Gorbatchev. L'épouse du Secrétaire général se fait payer pour ses activités culturelles ! Comme si la famille Gorbatchev n'avait pas suffisamment de privilèges ! Après tout, le président du Fonds culturel, le professeur Sergueï Likhatchev, originaire de Leningrad, ne touche pas un seul rouble à ce titre !

Les statuts du Fonds culturel avaient pourtant été respectés : la présidence était un titre honorifique, mais non la vice-présidence, qui était une fonction rétribuée. Pour calmer l'opinion, il fallut changer les statuts ; depuis ce temps, la vice-présidente Raïssa Maximovna ne reçoit plus de salaire. Ces événements n'ont aucunement troublé la très fructueuse collaboration entre le spécialiste internationalement connu de l'histoire russe et la première dame du Kremlin. Ils se connaissaient depuis si longtemps... Le lecteur n'aura pas oublié que le destin avait réuni Maxime Titarenko, le père de Raïssa, et Sergueï Likhatchev au sinistre camp de Soloveski. A son retour de captivité, Maxime Titarenko avait parlé à sa fille de ses longues conversations avec Likhatchev, de la tragédie d'un peuple dépouillé de son histoire. Ces souvenirs du simple cheminot qu'était Maxime affectèrent profondément la vision du monde de Raïssa Maximovna. Elle acquit la conviction qu'il fallait restituer au peuple russe et aux autres peuples de l'Union soviétique leur culture, leurs traditions, et une histoire non falsifiée. Aujourd'hui encore, le credo de Raïssa est : « L'âme russe aspire à la liberté. »

Le bâtiment qui abrite le Fonds culturel soviétique était auparavant occupé par le service des relations extérieures du ministère de la Défense de l'U.R.S.S., qui se fit d'ailleurs longtemps tirer l'oreille pour céder la place. Jusqu'en 1917, c'était l'hôtel particulier de la famille Tretiakov, qui a également donné à l'Union soviétique la galerie Tretiakov, célèbre collection de peintures et de sculptures russes. Le premier étage est divisé en deux grandes salles. Les sessions du praesidium du Fonds culturel se tiennent dans la « salle des chênes », où sont également reçus les hôtes de marque. Raïssa Maximovna veille soigneusement à l'entretien de la vieille demeure. Elle s'occupe aussi beaucoup des conditions de vie et de travail des collaborateurs et employés du Fonds. Ces derniers reçoivent régulièrement des « denrées déficitaires » : café soluble, thé importé de l'Inde, caviar, etc. Les séances de travail sont fréquentes. Récemment, une question inscrite à l'ordre du jour a suscité des débats passionnés : les primes versées aux collaborateurs les plus efficaces. Raïssa défendit vigoureusement son point de vue : diminution du montant des primes et du nombre des bénéficiaires. Sa position ne fut guère appréciée, d'autant qu'elle avait indubitablement moins de soucis matériels que les autres collaborateurs du Fonds. Peut-être lui reprochait-on aussi de vouloir en quelque sorte prendre sa revanche, en rappelant par ce biais qu'elle n'occupait qu'un poste honorifique non rétribué. Mais les arguments de Raïssa étaient solides : « Le temps n'est pas encore venu d'accorder des primes d'un montant aussi élevé. Il nous faut d'abord travailler plus activement que jamais au service de notre pays. »

Seuls deux collaborateurs du Fonds ont des contacts suivis avec Raïssa Maximovna : Likhatchev et Gueorgui Vassilievitch Masnikov, premier adjoint, qui assume en fait les fonctions du président et est responsable des problèmes d'organisation. Les sessions du praesidium durent habituellement entre quatre et cinq heures, avec deux courtes pauses. Curieusement, Raïssa ne dispose pas d'un bureau personnel; pendant les interruptions, elle va le plus souvent dans celui de Masnikov. Les jours de réunion, ce dernier accueille Raïssa Maximovna dans le vestibule et l'accompagne jusqu'à la « salle des chênes ».

Au Fonds culturel, Raïssa a également des contacts avec Ivetta Nikolaïevna Voronova, qui est chargée d'organiser des concerts et expositions d'artistes soviétiques réputés, dont le produit revient au Fonds. Faute de temps, les Gorbatchev assistent rarement à ces manifestations.

La plupart des délégations étrangères qui se rendent en U.R.S.S. sur l'invitation du Fonds culturel expriment le désir de rencontrer Raïssa Maximovna. Elles n'obtiennent toutefois satisfaction que dans des circonstances exceptionnelles. Par exemple le 9 octobre 1987, lorsque le collectionneur Thyssen-Bornemisza fit don au Fonds culturel d'une toile du peintre italien Alessandro Magnasco (1667-1749), dont plusieurs œuvres figuraient déjà dans les collections des musées de Moscou et de Leningrad ; la vice-présidente accepta avec plaisir « Paysage avec personnage », qui compte parmi les meilleures œuvres de l'artiste. Ce tableau se trouve maintenant au musée des beaux-arts Pouchkine. Raïssa Maximovna remercia chaleureusement le baron Thyssen-Bornemisza, ajoutant que l'opinion soviétique apprécierait certainement ce geste. L'échange d'œuvres d'art, déclara-t-elle, favorise la compréhension et l'enrichissement mutuels.

Le 16 juin 1987, le praesidium du Fonds culturel soviétique rendit un hommage exceptionnel au milliardaire et mécène américain Armand Hammer, qui entretient depuis l'époque de Lénine d'étroites relations avec l'Union soviétique, en le nommant membre d'honneur. Hammer, aujourd'hui âgé de quatre-vingt-dix ans, fait depuis des décennies des affaires avec l'Union soviétique. Lorsque les temps étaient durs, il échangeait du blé contre des toiles de maîtres. Hammer possède à Moscou un luxueux appartement, dont les mauvaises langues disent qu'il est « l'égal de la galerie Tretiakov »; il y a en effet amassé des tableaux provenant précisément de cette galerie, qu'il avait jadis pu acheter à bon compte. Hammer est le seul « capitaliste » occidental autorisé à survoler l'espace aérien soviétique dans un de ses deux avions privés, OX YI et OX YII, sans qu'un navigateur et copilote soviétique soit à bord.

Lorsque Raïssa accompagne son mari à l'étranger, c'est également en qualité de représentante du Fonds culturel. Tous les cadeaux ayant trait à l'art lui sont remis personnellement à l'intention du Fonds. A son retour de Grande-Bretagne en avril 1989, au terme de la visite officielle de Mikhaïl Gorbatchev, Raïssa ramenait dans ses bagages un témoignage du passé de son pays : un portrait du tsar Pierre III. En lui remettant la toile, lord Gowrie, qui était à l'époque ministre britannique de la Culture, avait fièrement annoncé que c'était une œuvre du peintre russe Alexandre Rokotov, mais Raïssa avait rétorqué : « Non, elle n'est pas de Rokotov lui-même, mais seulement de son école. » Cette peinture historique est venue enrichir les collections du musée d'Art russe de Leningrad.

Les cadeaux que Raïssa offre au cours de ses voyages sont eux aussi faits au nom du Fonds culturel. Lors de sa visite officielle en République fédérale, Raïssa remit au directeur de la Maison de Beethoven, à Bonn, un présent du Fonds : « Je me fais une joie de vous remettre ce cahier d'ébauches, un des plus précieux documents conservés au musée Glinka de Moscou. Vous en possédiez jusqu'à présent quatre pages; nous y ajoutons les cent soixante-quatorze feuillets que voici. »

Le Fonds culturel soviétique entretient depuis quelques années des relations culturelles suivies avec les pays occidentaux. Du côté soviétique, le professeur Ivan Timofeïevitch Frolov sert généralement d'intermédiaire. Frolov est le conseiller de Gorbatchev pour les questions scientifiques et culturelles, ainsi que le rédacteur en chef de la *Pravda* ; il exerce une influence notable sur les conceptions philosophiques et idéologiques du Secrétaire général. Grâce à lui, Raïssa Maximovna reçoit régulièrement les catalogues des ventes aux enchères organisées à l'étranger, ainsi que des catalogues d'expositions ; il est également chargé de l'informer des mouvements artistiques et culturels des pays occidentaux. Les correspondants étrangers sont souvent des universitaires spécialistes de l'Union soviétique. Ils doivent être de toute confiance, car ils sont notamment chargés d'acquérir « incognito », pour le compte du gouvernement soviétique, des objets d'art et des documents culturels vendus aux enchères. C'est ainsi qu'en 1989 l'Union soviétique rentra en possession de lettres d'Ivan Tourgueniev, achetées à Baden-Baden pour une somme coquette. De la même façon, une lettre inédite de Pouchkine a été achetée 32 000 livres sterling lors d'une vente réalisée par Sotheby's. Le Fonds put également acquérir le manuscrit de *Pères et Fils* de Tourgueniev ; cette fois, il lui en coûta 400 000 livres.

Comme on le voit, Raïssa Maximovna gère des sommes considérables. Sa fonction au sein du Fonds cuturel soviétique n'est pas de s'occuper de soirées de bienfaisance, d'organiser des lectures de poèmes ou des concerts. Elle est responsable des transactions internationales, et elle établit la stratégie de conservation du patrimoine culturel national. Grâce à sa ténacité, Raïssa a pu échapper au rôle passif généralement dévolu aux épouses de chefs d'État. Et son arme secrète, c'est le Fonds culturel. Grâce à lui, elle participe activement aux affaires du monde — même s'il ne s'agit que du monde de l'art — au lieu de se contenter de soutenir Mikhaïl Sergueïevitch dans son action.

RAÏSSA AU SERVICE DE LA CULTURE

Le Fonds culturel soviétique et la nouvelle politique culturelle issue de la perestroïka ont posé les rails sur lesquels Raïssa Maximovna, en digne fille de cheminot, fait circuler ses trains.

8.

Dans l'ombre du chef du Kremlin

Beaucoup de gens ont une idée complètement fausse de l'existence quotidienne de Raïssa Gorbatcheva. Certains s'imaginent que la femme du Secrétaire général mène une vie de luxe et de farniente, faite d'une succession de fêtes et de plaisirs. En réalité, le rythme de vie de Raïssa dépend étroitement des obligations de son mari, dont elle est, de fait, la plus proche collaboratrice. Dans une interview publiée en 1989 dans le N° 3 de *Communications du Comité central du P.C.U.S.*, Mikhaïl Sergueïevitch Gorbatchev parle de sa femme en ces termes : « Je dois dire que mes obligations actuelles constituent une lourde charge, non seulement pour moi-même, mais tout autant pour mes proches, et j'apprécie à leur juste valeur la compréhension, le soutien et l'aide que m'apportent Raïssa Maximovna et les autres membres de la famille. » En sa qualité de maîtresse de maison, d'épouse, de mère et de grand-mère, Raïssa a également d'autres devoirs. Elle ne fait évidemment pas les courses et le ménage elle-même ; l'entretien d'une aussi grande demeure n'en est pas moins très prenant : il faut veiller à tout, donner des instructions au personnel de maison et aux jardiniers, etc.

L'emploi du temps de Raïssa est très strict. Durant les huit ou neuf mois de l'année où les Gorbatchev ne sont pas en déplacement dans les républiques soviétiques ou à l'étranger, la journée de Mikhaïl Gorbatchev commence à neuf heures. Pour aller de la datcha au siège du comité central du P.C.U.S., il faut environ quarante minutes; il quitte donc la datcha à huit heures et quart. Tous les jours, été comme hiver, le personnel réveille les Gorbatchev à six heures. Et tous les matins, ils doivent se soumettre à un rapide examen médical. Avant même qu'ils ne se lèvent, on prend leur tension; l'été, quand ils séjournent à la datcha, Irina et Anatoli, tous deux médecins confirmés, s'en chargent. Raïssa fait un ou deux tours de piscine, boit un verre de jus de fruits, puis prend le petit déjeuner en compagnie de son mari. Le menu est varié : porridge au lait, fromage blanc à la crème, omelette au jambon, pudding de semoule, jus d'orange, café au lait ou thé citron (les Gorbatchev préfèrent le café importé d'Allemagne fédérale et le thé anglais), kéfir. Pendant le petit déjeuner, ils discutent du programme de la journée. Ensuite, Raïssa prend congé de Mikhaïl Sergueïevitch jusqu'au soir.

Raïssa peut à tout moment appeler son mari par le « Vertouchka », le téléphone des services de sécurité, mais elle ne le fait qu'en cas d'extrême urgence — c'est une règle absolue. Après le départ de Mikhaïl Sergueïevitch, Raïssa consacre en moyenne une heure à la maison : elle revoit les menus avec le chef cuisinier, vérifie l'état des provisions et passe les commandes nécessaires. Ensuite, elle lit la presse et s'occupe de la correspondance. Tous les jours, des centaines de lettres adressées à Mikhaïl Sergueïevitch et à Raïssa Maximovna, dont certaines viennent de l'étranger, arrivent au comité central du P.C.U.S. Un service spécialisé analyse ce volumineux courrier et établit des résumés et des rapports. Les collaborateurs personnels des Gorbatchev font ensuite un dernier tri et jugent de ce qu'il convient de remettre aux destinataires.

Gorbatchev s'est fixé pour principe de ne jamais s'éloigner des réalités de la vie. Il tient à être informé des problèmes quotidiens de ses concitoyens. C'est en cela qu'une lecture attentive du courrier, tâche qui incombe à Raïssa, est importante : ses connaissances et son intuition lui permettent d'informer son mari de l'état d'esprit de l'opinion, et des critiques qui le concernent. Dans ce domaine aussi, Mikhaïl Sergueïevitch lui fait entièrement confiance. En plus du courrier, Raïssa lit quotidiennement les journaux, les revues, et se tient au courant des dernières parutions littéraires. Mikhaïl Sergueïevitch n'a pas le temps de lire attentivement la presse et de suivre de près l'actualité littéraire. Bien entendu, les responsables de son service de presse préparent des sommaires à son intention, mais nous savons qu'il accorde une importance particulière aux analyses de sa femme.

Raïssa consacre donc sa matinée essentiellement à la lecture. Selon la coutume russe, le déjeuner est servi vers quatorze heures. En semaine, Mikhaïl déjeune au restaurant du comité central. Il ne tient compagnie à sa femme que les jours fériés. A ces occasions, le menu est particulièrement soigné : Hors-d'œuvre froids, salades et crudités diverses, jus de fruits frais, poisson. Borchtch ou potage de légumes accompagné de pirojki ; l'été, on sert presque tous les jours un des plats préférés de Raïssa, la *botvinia* (potage froid préparé avec du kvas, des feuilles de betterave et du poisson haché) ou l'*okrochka* (potage analogue à base de viande hachée). Ensuite vient le plat de résistance : poulet ou agneau ; Mikhaïl aime particulièrement la volaille et les ragoûts de légumes. Enfin, les desserts : fruits frais, salade de fruits ou entremets aux fruits. Les Gorbatchev évitent les crèmes et les pâtisseries riches en calories. Raïssa surveille sa ligne et tient à une alimentation saine et légère.

Après le déjeuner, Raïssa a une heure et demie de temps

libre — si le programme de la journée le permet. Ensuite elle se consacre au Fonds culturel. Certains jours, elle a deux à trois rendez-vous avec des personnalités du monde des arts ou des lettres. Lorsqu'elle n'attend personne, elle prend vers quatre heures et demie ou cinq heures un « repas de beauté » : fromage blanc, fruits frais et miel — une vieille recette excellente pour la santé de la peau.

En général, Mikhaïl Sergueïevitch ne rentre pas avant vingt et une heures. Lorsqu'il arrive, le dîner est prêt : légumes ou crudités sans assaisonnement ; un plat de poisson (ils aiment en particulier l'esturgeon, la truite et le sandre) ; soufflé au fromage blanc, aux cerises ou aux fruits secs ; thé et kéfir.

Comme les Gorbatchev ont une alimentation saine et équilibrée, ils n'ont pas besoin de suivre un régime prescrit par un médecin. Selon la coutume cosaque, ils mangent très peu de pain, mais également peu de viande, de pommes de terre et de sauces. Ils n'aiment pas les plats trop épicés. Une à deux fois par semaine, on leur livre des produits occidentaux, en particulier des poissons fins et des fruits de mer. Mikhaïl Sergueïevitch est également grand amateur de fromages français.

Après dîner, lorsque le temps le permet, Raïssa et Mikhaïl Gorbatchev vont faire un tour dans le parc, tout en parlant des événements de la journée et en discutant de divers problèmes. Ou alors, ils ressortent pour aller au théâtre ou pour voir une exposition. Ces jours-là, les forces de sécurité ont beaucoup de travail. Plusieurs heures avant le début du spectacle, la salle et les issues sont passées au peigne fin. Une demi-heure avant l'arrivée des Gorbatchev, toutes les voitures en stationnement dans la rue sont enlevées.

Non seulement au Bolchoï et au Palais des congrès du

Kremlin, mais dans tous les autres théâtres d'État et salles de concert, une loge d'honneur est réservée aux dirigeants de l'État ou du Parti, aux membres de leur famille et aux invités étrangers. Souvent, ces « loges gouvernementales » restent vides — il existe des théâtres que les dirigeants soviétiques ne fréquentent jamais — mais personne d'autre n'a le droit de les occuper. Elles se trouvent habituellement à gauche de la scène, qu'elles surplombent d'une hauteur de deux à trois mètres. Au Bolchoï, toutefois, la « loge des tsars » est placée au fond de la salle, face à la scène. La loge d'honneur est en général très grande : deux rangées de six à huit fauteuils chacune. Face à elle, à droite de la scène, se trouve une autre loge à peine moins luxueuse, réservée aux invités de la direction du théâtre. Ces deux loges imposantes symbolisent le principe bureaucratique de la séparation entre classes « supérieures » et « inférieures », caractéristique de la Russie d'antan et de l'Union soviétique d'aujourd'hui.

Derrière la loge d'honneur se trouvent deux pièces somptueusement meublées. Tout est prévu pour que l'on puisse s'y restaurer ou prendre le thé pendant l'entracte. Lorsque Mikhaïl Sergueïevitch arrive directement du comité central, il y dîne avant le spectacle. Des plats chauds ont été amenés à son intention ; lorsque le théâtre dispose d'une cuisine, ils sont réchauffés sur place ; dans le cas contraire, ils sont conservés dans des récipients isolants.

Lorsque les Gorbatchev vont au théâtre en famille, un garde prend place dans leur loge, dont l'entrée est surveillée en permanence, de même que la « porte du directeur », qu'ils utilisent pour accéder à la salle. Souvent, aussi, ils sortent en compagnie du ministre des Affaires étrangères Edouard Chevardnadze et de sa femme Nanoula, ou avec les Medvedev (Vadime Medvedev est membre du Politburo et responsable des questions idéologiques). A ces occasions, un bon nombre de jeunes gens musclés, qui ne ressemblent guère à des amateurs de théâtre, s'installent dans la salle. A l'entracte, ils se répandent discrètement dans le foyer et vont se promener dans les couloirs, tandis que d'autres surveillent les portes. Après la représentation, le cortège de Zil reprend le chemin de la chaussée Roublev.

Neuf mois sur douze, Raïssa ne voit donc son mari que le matin et le soir — comme bien des femmes dont le mari travaille à l'extérieur. Heureusement, il y a les week-ends, les jours fériés et les quatre semaines de vacances annuelles que les Gorbatchev passent toujours dans leur datcha de Pitsounda. Pitsounda est une jolie petite ville de Géorgie, au bord de la mer Noire, avec une des plus belles plages du littoral caucasien. Elle a un passé très ancien ; la région est riche en vestiges archéologiques, qui ne sont d'ailleurs pas tous exploités. Ici, les Gorbatchev peuvent enfin se retrouver seuls et se reposer vraiment. Une photo les montre heureux et détendus ; comme par jeu, Raïssa tend un parapluie vers le soleil. A Mioussera, tout près de Pitsounda, une nouvelle résidence d'été de style byzantin, conçue par les meilleurs architectes de Tbilissi, devait être construite à l'intention des Gorbatchev. Au grand dépit de Raïssa, le Congrès des députés du peuple a demandé l'arrêt des travaux, arguant que le peuple soviétique était opposé à de tels luxes.

Lorsqu'un dirigeant étranger est reçu en U.R.S.S. avec son épouse, ou pendant les nombreux voyages officiels de Mikhaïl Gorbatchev en Union soviétique ou à l'étranger, Raïssa a également l'occasion de se consacrer davantage à son mari. Mais ces visites officielles entièrement soumises au protocole, qui prennent à Mikhaïl Gorbatchev environ trois mois par an, ne sont pas des parties de plaisir.

Pourtant, Raïssa seconde toujours son mari avec une énergie apparemment inépuisable.

Les amis personnels des Gorbatchev sont finalement ceux qui souffrent le plus de leur ascension. Quand les voient-ils, dans quelles circonstances ? En dehors des contacts nécessaires à leur travail, les Gorbatchev vivent dans un isolement presque total. Ils ont rarement l'occasion de retrouver leurs amis ou connaissances. L'agenda de Mikhaïl Sergueïevitch est tellement rempli qu'il a à peine le temps de penser à ceux qui lui étaient proches. Les autres membres de la famille, et en particulier Raïssa, ne peuvent que se résigner à cette situation.

9.

Le clan familial

La datcha de la chaussée Roublev et l'appartement de Moscou constituent les seuls « domaines privés » des Gorbatchev. Ils peuvent s'y détendre et oublier quelques heures durant le rôle qu'ils sont constamment obligés de jouer en public. Il est compréhensible que les Gorbatchev veuillent protéger ces rares moments d'intimité où ils peuvent enfin être eux-mêmes. Leurs amis les plus proches, ceux qui les connaissent depuis l'enfance, depuis l'université ou les années de Stavropol, ont eux aussi dû se faire à l'idée que ce n'était plus « comme avant », que les hautes fonctions de Mikhaïl Gorbatchev entraînaient inévitablement une certaine distanciation. Les relations ont changé ; l'intimité née d'une longue fréquentation s'est perdue, l'on ne partage plus les mêmes intérêts. Certains ont préféré se retirer entièrement, de crainte de devenir des quémandeurs.

Les rares amis qui restent à Mikhaïl Sergueïevitch viennent tous les ans célébrer son anniversaire à la datcha. Iouri Vassilievitch Stoupine, un compagnon du temps de Stavropol, est toujours présent. Stoupine a quitté Kislovodsk pour Moscou, où il dirige le service des séjours dans les centres de cure du syndicat. Gorbatchev lui a personnellement procuré ce poste. L'ex-ministre de l'Intérieur

Alexandre Vladimirovitch Vlasov, ami de Gorbatchev depuis plus de quinze ans, est lui aussi un fidèle. Citons encore Edouard Chevardnadze et sa femme Nanoula. Chevardnadze décrit sa surprise lorsque Gorbatchev lui proposa, lors du congrès du Parti, le poste de ministre des Affaires étrangères. Chevardnadze objecta qu'il n'était nullement certain d'avoir les capacités requises, mais Gorbatchev lui dit sur un ton sans réplique : « C'est déjà décidé. » C'était apparemment une bonne décision.

Un autre invité est l'ami d'enfance et cousin (il est le fils d'une sœur de sa mère) de Gorbatchev, Fedija Vassilievitch Roudtchenko, aujourd'hui âgé de soixante-deux ans. Raïssa et Mikhaïl Sergueïevitch sont tous deux très proches de Roudtchenko, de sa femme Galia et de sa fille Iéna, qui est criminaliste à la milice de Stavropol. Par contre, Mikhaïl Sergueïevitch a presque entièrement perdu le contact avec son frère Alexandre Sergueïevitch Gorbatchev, âgé de quarante et un ans, qui est attaché à l'état-major général avec le grade de colonel. Alexandre (Sacha), qui est passionné de guitare, a épousé une jeune femme du nom de Swerta, qui a six ans de moins que lui. Leur fille Lena, qui a maintenant vingt ans, étudie au 2e Institut de médecine de Moscou, où enseigne Irina, la fille des Gorbatchev. Jusqu'à fin 1989, ils habitaient Odonzovo, à vingt minutes de Moscou ; depuis, ils se sont installés dans le centre de la ville. Selon certaines rumeurs, leurs relations seraient si distantes parce que Sacha n'est que le demi-frère de Mikhaïl Sergueïevitch. Il semblerait plutôt que c'est dû au fait que Raïssa ne s'entend pas très bien avec son beau-frère et sa belle-sœur.

Raïssa entretient par contre d'excellentes relations avec sa belle-mère Maria Panteleevna. C'est une femme solide et énergique, au regard décidé, en quelque sorte l'archétype de la mère russe. Énergique, elle l'est certainement. Elle a notamment profité d'une absence de Raïssa et de Mikhaïl pour faire baptiser sa petite-fille Irina en secret. Maria Panteleevna ne serait pas moins directe avec son fils. « Si tu sens que ta tête va éclater », lui dit-elle, « va travailler aux champs, ça aide à chasser les idées tordues. » Contrairement à bien des belles-mères, elle aime beaucoup sa bru. « Fils », dit-elle à Mikhaïl, « écoute ce que te dit Raïssa, suis ses conseils. Elle ne te veut que du bien. » Ce n'est pas Raïssa qui la contredira.

« Baba Mania » a une petite ferme à Privolnoïe : quelques cochons, des poulets, un lopin de terre. Les habitants du village la disent incorruptible. Un voisin veut rendre un petit service à la mère du Secrétaire général en lui apportant du sucre ou telle autre denrée qui manque dans les magasins — mais elle ne veut pas de cadeaux ; elle va aussitôt au soviet du village et paie ce qu'elle doit. Baba Mania est croyante, et affirme qu'elle le restera jusqu'à ce que le bon Dieu la rappelle à lui. Quitter Privolnoïe pour Moscou ? Elle ne veut pas en entendre parler. « Pour qu'on m'y brûle ? » dit-elle en plaisantant. A Privolnoïe, en effet, on enterre les morts, tandis que, dans la capitale, l'incinération est la norme. Maria Panteleevna serait, dit-on, plus proche de son second fils Sacha que de Mikhaïl. La dernière dispute familiale éclata lorsque Sacha voulut accueillir sa mère à Odinzovo. Pour Mikhaïl Sergueïevitch, c'était inacceptable. Soit leur mère venait chez lui à Moscou, soit elle restait à Privolnoïe, décréta-t-il. Baba Mania resta donc chez elle, comme il convenait. On ne transplante pas les vieux arbres. Elle habite une petite maison construite du vivant de son mari, avec l'aide financière de Mikhaïl Sergueïevitch. La maison est surveillée en permanence par une garde, qui a été renforcée lorsque les Azerbaïdjanais menacèrent d'exterminer la famille du Premier secrétaire. L'accès à Privolnoïe est d'ailleurs interdit aux visiteurs occidentaux.

Raïssa Maximovna a des relations tout aussi affectueuses avec sa propre mère. « Baba Schura », comme elle l'appelle tendrement, est restée à Krasnodar après la mort de son mari Maxime Titarenko, décédé en août 1986 des suites d'un cancer du larynx. Elle y habite toujours le petit appartement construit pendant l'ère Khrouchtchev, qui avait été attribué à Maxime lorsqu'il avait pris sa retraite. Schura Paradina va fréquemment voir sa fille à Moscou. De son côté, Raïssa Maximovna, généralement accompagnée de sa fille et de ses petits-enfants, va de temps à autre s'occuper de sa mère à Krasnodar. Pour des raisons de sécurité, la ville de Krasnodar est également interdite aux étrangers.

Raïssa Maximovna adore ses deux petites-filles Xénia et Anastasia. Xénia, née en 1979, est scolarisée à Moscou, à l'« École spéciale N° 4 », où la première langue vivante est l'anglais. Anastasia n'a que trois ans. Elle ressemblerait beaucoup à Mikhaïl ; pour le moment, son jouet préféré est un éléphant en peluche, bleu avec une trompe blanche et rouge, que Raïssa lui a ramené de France. Pendant ses heures de liberté, Xénia fréquente l'école du Bolchoï, où elle suit les cours de danse de la célèbre maîtresse de ballet Galaptina ; ils ont lieu trois soirs par semaine et sont réservés aux enfants de parents haut placés. Chaque fois que cela lui est possible, Raïssa va chercher Xénia à la sortie du cours. Comme elle connaît personnellement la directrice, elle se tient au courant des progrès de sa petite-fille. Ensuite, elles vont toutes deux dîner à l'appartement.

Raïssa est très attachée à sa fille Irina. Irina est née à Stavropol le 6 janvier 1958, le lendemain de l'anniversaire de Raïssa ; comme sa mère, elle a obtenu une médaille d'or à la fin de ses études secondaires. Elle était encore collégienne à Stavropol lorsqu'elle rencontra son futur mari, Anatoli Verganski, un garçon du voisinage. Par la suite, ils étudièrent ensemble à l'Institut de médecine.

Irina avait de nombreux soupirants. Lors des soirées dansantes, sa mère dut à plus d'une reprise « tirer le signal d'alarme ». Raïssa aurait d'ailleurs choisi elle-même le jeune provincial. C'était Anatoli que sa fille devait épouser, et pas un autre. Il était l'élu. Les autres soupirants se virent bientôt interdire la maison des Gorbatchev. Le commentaire de Raïssa : « Je suis heureuse que ma fille unique ne soit pas tombée sur un playboy de la capitale. » Comme son frère Alexeï, Anatoli s'est spécialisé dans la chirurgie vasculaire. Le mariage d'Anatoli et d'Irina fut célébré en 1977. Toute la ville ne parlait que de cela : la mariée était après tout la fille du premier personnage du territoire. La noce dura deux jours entiers. Le premier jour, un long cortège de Volga blanches amena les invités officiels au restaurant « Gorka ». Le lendemain était réservé aux amis.

Comme le veut la coutume, la photo du mariage fixe le moment où Anatoli et Irina échangent les alliances. Ils ont la vie devant eux. Le marié, surtout, avec son visage poupin, rayonne d'une joie enfantine. Pour ne pas gêner les nouveaux époux, Mikhaïl aurait, paraît-il, passé la seconde soirée en compagnie du portier du restaurant, et ils auraient porté d'innombrables toasts à la jeunesse. J'ai du mal à le croire, surtout si je pense à Raïssa. Je n'arrive pas à m'imaginer Mikhaïl Gorbatchev, secrétaire du comité régional du Parti, levant le coude avec un portier le jour où sa fille se marie, et cela à Stavropol !

Le « jeune provincial » Anatoli vient en fait d'une excellente famille. Sa mère, Antonia Ivanovna Verganskaïa, est également médecin, et travaille à la polyclinique N° 8 de Stavropol en tant que neurologue. Son père,

Oleg Victorvitch, est mort prématurément d'une tumeur au cerveau. En Union soviétique aussi, les « blouses blanches » jouissent d'un prestige certain.

Irina — Ira — était elle aussi un « bon parti ». Elle a une excellente qualification professionnelle. Elle sait tenir une maison : l'employée des Gorbatchev, Iefremova, lui a appris à faire la cuisine et la pâtisserie, à tricoter et à coudre. Elle joue du piano. De plus, elle parle couramment l'anglais. Entre l'amour paternel de Mikhaïl, le savoir-vivre et les connaissances de Raïssa, Irina a certainement trouvé des conditions idéales pour s'épanouir.

Jusqu'à la naissance de sa deuxième fille, Irina travaillait au 2e Institut de médecine de Moscou, où elle enseignait la thérapeutique. Anatoli est longtemps resté interne à l'hôpital de Gradzki, dont le directeur, Victor Saveliev, était spécialiste de chirurgie vasculaire. La femme de Saveliev est gynécologue ; elle suit régulièrement Raïssa. Pour mes amies moscovites, c'est une nouvelle sensationnelle : Raïssa est une femme moderne, elle va une fois par an chez le gynécologue ! Je ne voyais pas ce que cela avait d'extraordinaire ou de « moderne ». Chez toi, c'est peut-être normal, me disent-elles, mais pas chez nous.

En Union soviétique, les examens gynécologiques systématiques sont loin d'être entrés dans les mœurs. L'équipement médical laisse à désirer ; de plus, les hommes ont des préjugés si fortement enracinés qu'ils interdisent aux femmes de se laisser examiner. La plupart des femmes respectent cet interdit, ce qui ne les empêche pas de vivre dans la peur des maladies et surtout des grossesses non désirées. En Union soviétique, les avortements sont du domaine des récits d'épouvante. Ils se pratiquent sans anesthésie, afin que la douleur incite les patientes à mener une existence plus « morale ». Il n'est pas rare que des interventions pratiquées par des charlatans aient des suites mortelles. Les hommes ne s'intéressent guère aux « maladies de femmes » ; à cet égard, le degré d'ignorance est énorme. Les méthodes anticonceptionnelles font elles aussi l'objet d'un interdit masculin. Raïssa est décidément une femme moderne, et qui a de plus épousé un homme moderne.

Pendant ses études, Raïssa était très proche de son frère et de sa sœur. Aujourd'hui, ils se voient rarement. Sa sœur Ludmilla, de plusieurs années sa cadette, a étudié la médecine, épousé un ingénieur et a eu deux enfants. Sa fille veut devenir peintre ; elle suit les cours de l'Académie des beaux-arts de Moscou. Son fils étudie à l'École technique supérieure de Moscou. Entre Ludmilla et son mari, tout ne va pas pour le mieux, paraît-il. Elle a un cabinet à Oufa, capitale de la république de Bachkirie. Oufa est fermée aux étrangers ; elle aurait pour principal titre de gloire d'être la ville la plus polluée de toute l'Union. A ce que l'on dit, Ludmilla va rarement voir sa sœur à Moscou. Il est difficile de savoir si c'est uniquement dû à l'éloignement géographique.

Le frère de Raïssa, Ievgueni Titarenko — Ievgueni, qui, nous nous en souvenons, accompagnait jadis sa sœur au bal et la protégeait des cavaliers importuns —, fit d'abord son service militaire puis entra, comme Raïssa, à la faculté de philosophie de l'université de Moscou. Il écrivait déjà des contes pour enfants et des romans, qui ne furent d'ailleurs jamais publiés. Raïssa a fait ce commentaire sur l'activité littéraire de son frère : « Ses romans rappellent ceux de Franz Kafka. » Voici un bref résumé d'un récit écrit par Ievgueni en 1973, *La mer de Kitomski* : un marin en poste sur la mer du Nord revient chez lui et tombe amoureux d'une jeune fille. Ils se marient. Il retourne dans le Nord pour préparer la maison où ils vivront. Debout sur le rivage, il guette le vapeur qui doit amener sa jeune épouse. Le navire entre dans le port. Ils se font de grands signes. Soudain, il aperçoit une mine dans l'eau. Il plonge et réussit à la désamorcer, mais cela lui coûtera la vie.

Ievgueni Titarenko a un grave problème : l'alcool. Il a toujours été très instable; plus d'une fois, Raïssa a dû l'aider à prendre des décisions cruciales pour son avenir. Marié à deux reprises, il a un fils qui, après avoir fait son service militaire en R.D.A., s'est installé à Voronej. Ievgueni aurait suivi une cure de désintoxication dans une clinique psychiatrique d'Orel. Lorsqu'il a bu, il dit des choses insultantes sur Raïssa. Peut-être n'a-t-il pas « digéré » la brillante carrière de sa sœur.

A Moscou, l'on raconte que c'est à cause de l'exemple tragique de son frère que Raïssa Maximovna a encouragé son mari à lancer une campagne contre l'alcoolisme. Il faut dire que la consommation d'alcool avait énormément augmenté en U.R.S.S. Il est bien connu que Mikhaïl Gorbatchev ne dédaigne pas un petit verre de temps à autre, tandis que Raïssa ne boit pour ainsi dire jamais.

Le père de Raïssa, Maxime Titarenko, a été inhumé à l'été 1986. A cette triste occasion, presque toute la famille était réunie. En complet noir et cravate de même couleur, Mikhaïl Sergueïevitch déposa une gerbe d'œillets rouges devant le portrait du défunt. La mère de Raïssa, portant un tailleur noir et un voile de dentelle, pressait un mouchoir contre son visage. Elle était soutenue par Raïssa, également vêtue de noir, et qui tenait un bouquet de roses rouges à la main. Son visage crispé de douleur la rendait presque méconnaissable. Le défunt, couvert d'un tissu blanc, reposait au funérarium. Ce fut une cérémonie typiquement soviétique. Sur la droite du cercueil entouré de bougies étaient disposées deux rangées de chaises. Au premier rang prirent place Mikhaïl Sergueïevitch, la mère de Raïssa, Raïssa elle-même, Ievgueni (le seul membre de la famille qui ne fût pas en noir : il portait un complet marron), et Ludmilla, qui ressemble beaucoup à sa sœur, ainsi que deux parents de Maxime Titarenko venus d'Ukraine, qui se singularisaient par leurs vêtements colorés. Au second rang étaient assis Irina et son mari Anatoli, la mère d'Anatoli, et l'amie de Raïssa, Lydia Boudyka, accompagnée de son mari, qui est un des collaborateurs de Gorbatchev au comité central.

10.

Raïssa et la mode

Il ne passe guère de jour sans que la presse à sensation ne proclame des choses du genre : « Raïssa possède cinquante robes créées par les plus grands couturiers parisiens ! » — « Chacune de ses robes coûte au moins 40 000 francs ! » — « Le tsar de la mode russe Slava Saïzev ne crée plus que pour Raïssa ! » Un échotier a même fait de Slava Saïzev la « tsarine » de la mode soviétique. Toutes ces nouvelles sensationnelles sont le produit de l'imagination fertile de journalistes qui font du « reportage en chambre ». Aucun ne s'est donné la peine d'aller s'informer sur place.

Lors de sa visite en Allemagne fédérale, la presse avait baptisé Raïssa « La lady communiste au chic parisien ». Les spécialistes de la mode examinaient à la loupe tout ce qu'elle portait, et lui prodiguaient louanges ou critiques... Tel journaliste louait son élégance sobre et de bon ton, tel autre appréciait l'harmonieux mélange de lignes, de pois et de carreaux du tissu d'un ensemble anglais, tandis qu'un autre encore trouvait que certains tissus à fils dorés faisaient très « paysanne endimanchée ». Tous s'accordaient cependant pour louer son charme et sa féminité.

Voulant en avoir le cœur net, j'ai pris rendez-vous avec Slava Saïzev, le célèbre couturier soviétique, dont les créations avant-gardistes sont également connues en Occident. Il y a plus de dix ans, le journal est-allemand *Freie Welt* (*Monde Libre*), qui accorde une place de choix aux faits et aux gens d'Union soviétique, avait consacré une série d'articles à Saïzev. L'auteur s'efforçait de décrire le style du couturier soviétique, qu'il présentait comme un maître de la mode d'avant-garde. Le résultat était plutôt décevant, mais cela ne tenait sans doute pas à Slava lui-même : cela montrait simplement que la mode soviétique, de même d'ailleurs que celle de R.D.A., n'est pas exportable dans nos pays. Mais les choses ont beaucoup évolué depuis.

J'ai eu la chance d'être reçue par Slava Saïzev. Normalement, il faut attendre plus de six mois pour obtenir un rendez-vous — et il arrive qu'au dernier moment il ne soit pas disponible.

Slava m'accueille dans son grand bureau clair et blanc. Selon la coutume russe, il m'embrasse sur les deux joues, et me conduit à un fauteuil. Non, il n'habille pas Raïssa. Il ne veut pas participer à sa légende, il ne veut pas qu'on lui « mette un habit noir » (Slava adore le blanc). Slava veut travailler pour le peuple, pour les gens simples. Mais son souhait le plus cher serait que Raïssa ouvre à l'étranger, par exemple en Italie, une maison de haute couture où il présenterait une collection commune avec un grand couturier occidental... *Saïzev-Valentino Collections, represented by Raïssa Gorbatcheva.* Voilà à quoi rêve Slava.

A ses propres yeux, Slava n'est pas un simple « fabricant de vêtements », mais un artiste. Depuis 1978, il travaille à l' « Institut du vêtement de service », ce qui semble fort démocratique. Dessiner des vêtements, des tenues de travail pour les femmes et les hommes — et pourquoi pas pour les enfants — de son pays. Comme bien d'autres organisations soviétiques, l'Institut manque de moyens, et souffre de la situation économique du pays. Il n'y a jamais assez de tissu, de fil, de fermetures à glissière, de machines... la pénurie ne favorise pas la créativité. Dans ces conditions, pourrait-il exister en Union soviétique un Lagerfeld ou un Yves Saint Laurent ? Slava a pour devise : « Tout faire avec rien. »

Slava fait les cent pas en gesticulant. Il parle avec ses mains, qui sont belles et expressives. Il a consacré sa vie à la vie, dit-il, il est empli de joie, de force et d'optimisme. Pour lui, la perestroïka a été une fontaine de jouvence. Tout ira bien. « Lorsque Gorbatchev a pris les affaires du pays en main, celui-ci était dans un état catastrophique, vous savez. Et il n'est qu'un homme, après tout. Grâce à lui, les habitants de ce pays sont redevenus plus amicaux, plus humains dans leurs relations. Ce n'est pas négligeable, non ? » En 1982, Slava a inauguré la « Maison d'État de la mode », une sorte d'atelier ouvert à tous. Depuis, il dirige l'Institut de la mode. Le personnel s'était mis en grève, puis avait voté pour nommer un nouveau directeur ; Slava avait été élu. Sa première mesure fut de faire peindre l'immeuble en blanc. Ce n'était qu'un début : il a maintenant quatre cents collaborateurs.

Slava veut se mettre au service de l'ouvrière soviétique, qui en a bien besoin étant donné l'état actuel de l'industrie du vêtement dans le pays ! Il imagine des situations, examine attentivement les femmes, écoute leurs problèmes. Après tout, les vêtements ne sont-ils pas les médicaments de l'âme ? Les aspirations matérielles de Saïzev sont modestes. L'argent ne l'intéresse pas : la richesse ne ferait que gêner sa créativité. Comme il l'a dit : faire tout avec rien.

Slava n'est donc pas le couturier de Raïssa. Cela ne signifie pas pour autant qu'il n'ait pas une image de la première dame du pays, qu'il n'ait jamais réfléchi à la façon dont il l'habillerait. Mais ils ne se sont jamais rencontrés. « Peut-être sommes-nous trop compliqués l'un pour l'autre, me confie Saïzev en agitant les mains ; ce sont des choses qui arrivent, savez-vous. On se connaît, mais il faut se protéger l'un de l'autre, car l'on risquerait de se détruire. » De fait, deux rencontres avaient été arrangées : une fois à l'ambassade de France, où Yves Saint-Laurent présentait sa collection ; une autre fois au théâtre Rossia, après la première moscovite de *Sophisticated Lady*. Mais Saïzev n'était jamais libre.

Saïzev n'en a pas moins une excellente opinion de Raïssa. Elle a une jolie silhouette, elle est bien proportionnée et a des jambes fines ; par-dessus tout, elle aspire à la beauté. C'est une vraie femme. Malheureusement, en ce qui concerne la mode, elle n'est pas toujours en de bonnes mains. Quel dommage ! Saïzev n'est jamais libre, et Raïssa porte des habits qui ne lui vont pas ! Je trouve cela un peu comique. Pas Saïzev. Il n'est malheureusement pas en son pouvoir de changer cette situation. Je le crois volontiers. D'abord, il décommande la reine, et maintenant, elle devrait lui faire la cour ?

Je lui demande s'il a dessiné des modèles pour Irina, la fille de Raïssa. « Je suis un couturier », répond-il avec aigreur, « pas un collectionneur de célébrités... Dans mes jeunes années », poursuit-il sur un ton presque rêveur, « j'ai dessiné pour Raïssa des modèles à la chaîne, sans l'avoir jamais rencontrée. J'étais fasciné par ses cheveux ; leur couleur, leur matière m'inspiraient incroyablement, je pensais à tout ce que l'on pourrait en faire. »

Cette idée lui a certainement passé. Aujourd'hui, il faut qu'il ait une femme devant lui, qu'il la regarde dans les yeux, et qu'il regarde sans doute aussi ses hanches, ce qui n'est pas sans importance chez les femmes russes Alors seulement, les idées lui viennent ; il leur explique leurs problèmes, et leur dit ce qu'elles doivent porter pour être belles.

Slava est incroyablement comédien, c'est plus fort que lui : « Imaginez que Raïssa vienne me voir ici et me dise : Monsieur Saïzev — elle ne dit pas " Slava ", pas Raïssa, non. Monsieur Saïzev, donc, il me faut une robe pour un dîner. Hum, fait Slava avec un regard en coin, c'est le moment ou jamais d'être concret. Je veux savoir combien de tissu j'ai à ma disposition. Eh oui, les dames des Messieurs haut placés arrivent toujours avec des métrages insuffisants. Ce sont des cadeaux qu'elles ont reçus, ou bien leur mari n'avait pas assez de devises étrangères. Et quand le tissu manque, il arrive que mon imagination soit prise de court. » Le regard et la main de Slava dansent sur le papier. « Pour l'étincelante chevelure châtain de la tsarine (toujours les cheveux !), je verrais une petite robe noire de coupe droite, entre-tissée de perles, avec un mouvement autour des genoux, et des bas noirs et brillants sur des talons hauts — elle serait pour moi " Raïssa Glasnost ". »

Slava est en forme. Il continue à philosopher : enfin, grâce à la perestroïka, les femmes peuvent elles aussi jouer la comédie. La femme d'aujourd'hui a des idées plus larges, elle est plus sûre d'elle-même, elle s'ouvre à la vie, elle sait ce qu'elle veut et elle le fait — mais au fond, elle ne fait que jouer le rôle qu'on lui a attribué !

Je n'ai pas besoin de demander à Slava la vraie raison pour laquelle il n'habille pas Raïssa ; il le sait parfaitement, et me le dit avec une franchise désarmante : il n'est pas assez sérieux pour la *First Lady* soviétique. Selon lui, elle trouve qu'il se comporte comme un gamin avide de vivre, qui méprise les conventions, et qui ne veut pas changer de vie. Il n'aime pas se conformer, il n'aime pas qu'on lui dise ce qu'il doit faire. Il n'aime pas qu'on lui commande une robe pour dîner, il aime les femmes qui viennent le voir en lui disant : Regardez-moi, que peut-on faire de moi pour que je commence une nouvelle vie? Saïzev veut « faire des êtres humains », il ne veut pas être un tailleur qui travaille pour des « occasions ».

Devant moi s'étalent les feuilles sur lesquelles Saizev a dessiné tout en parlant. De rapides esquisses, très modern style. Des corps souples, minces, graciles, parfois dans des poses excentriques; le trait est tantôt énergique, tantôt évanescent. On pourrait se croire dans un café parisien du début du siècle. Mais Slava est bien un Russe, et sa place est à Moscou.

Cette longue conversation avec Slava Saïzev a été fort instructive — mais elle ne m'a pas appris grand-chose sur Raïssa Gorbatcheva : qui l'habille, qui la conseille? Je décide de commencer mon enquête à Stavropol, la ville où Raïssa a passé vingt-trois années de sa vie. Des photos datant de la jeunesse de la femme du Secrétaire général révèlent qu'elle accordait déjà une grande importance à sa façon de s'habiller. Souvent, un petit détail suffisait à la distinguer de ses camarades et à lui donner un style personnel. Quelle autre étudiante moscovite portait un manteau à col de fourrure?

A Stavropol, Raïssa s'habillait chez une modeste couturière du voisinage, Sonia Vassilievna Karotnikova. Sonia Vassilievna habillait toute la famille. Elle a même fait la robe de mariée d'Irina. Lorsque je suis allée la voir, elle a aussitôt fouillé dans un coffret en bois et en a sorti les photos du mariage. « Pour le mariage d'Ira, j'ai également fait la robe de Raïssa, commence-t-elle d'une petite voix chantante. La mère de la mariée doit elle aussi se faire jolie pour ce grand jour. Pendant l'essayage, Mikhaïl Sergueïevitch s'était allongé : il revenait d'un voyage officiel et avait mal à la tête. Tout en essayant la robe, qui lui allait à merveille, j'ai dit à Raïssa : " C'est mon cadeau de noces. " Elle ne voulait pas en entendre parler, c'était un cadeau bien trop coûteux. Mais j'ai insisté : si elle refusait, je ramenais la robe chez moi. Juste à ce moment, Mikhaïl Sergueïevitch a ouvert les yeux, a regardé sa femme avec adoration, et lui a dit : " Que tu es belle, Sachar. Tu n'as jamais eu une aussi jolie robe. " " Sachar " est un surnom affectueux que Mikhaïl donnait à Raïssa quand ils étaient étudiants ; c'est en fait un nom de garçon. A l'époque, elle portait souvent une veste en cuir, et aimait déjà diriger les événements. Mikhaïl l'appelait sa " commissaire ". »

Mme Karotnikova ne tarit pas d'éloges sur Raïssa et Mikhaïl : « C'est fou ce qu'il l'aime. Une fois, à la fin des années soixante je crois, Mikhaïl Sergueïevitch était allé en Italie. Il avait dépensé tout ce qu'il avait pour acheter à Raïssa des bijoux en argent. A son retour, j'ai fait pour Raïssa une robe de cocktail en lamé argent, et elle a porté le tout pour ses noces d'argent. Elle était éblouissante. »

L'on sent qu'il existait entre les deux femmes une réelle complicité. Sonia est visiblement heureuse de rappeler ces souvenirs, de parler des années où il lui arrivait d'appeler Raïssa pour lui dire en toute simplicité : « Amène trois cents roubles, je vais te faire une robe fantastique. » Raïssa arrivait avec l'argent, Sonia choisissait le modèle et achetait le tissu, et Raïssa n'avait plus qu'à revenir pour l'essayage.

« Même lorsqu'elle achetait du prêt-à-porter, c'est moi qui décidais », poursuit Sonia avec fierté. « Elle me disait toujours : " C'est toi qui as le dernier mot, Sonetchka. Alors, je la prends ou pas ? " » Les vêtements de Sonia eurent même du succès en Italie, où les Gorbatchev étaient allés assister à une fête. Leur guide italien ne cessait d'appeler Raïssa « Signora Grazia ». Raïssa répondait avec modestie qu'elle devait avant tout sa grâce aux créations de Sonia Karotnikova. « Ce n'est bien entendu pas vrai », s'empresse d'ajouter Sonia. « Ce qui importe, c'est ce qu'il y a dans la robe, et comment elle est portée. Avec Raïssa, les vêtements prennent vie. »

Et aujourd'hui, à Moscou, comment s'habille Raïssa Maximovna ? J'ai d'abord appris qu'elle commandait beaucoup de vêtements sur catalogue, comme le font souvent les femmes de la nomenklatura. Elle peut ainsi se faire envoyer des modèles de Chanel, Dior, Claude Montana — ou du moins des copies. Raïssa commande les modèles qui lui plaisent, sans savoir de façon précise qui les a créés, car les vêtements sont toujours livrés sans étiquette. Elle assiste également tous les ans au Festival de la mode de Moscou, où les principales maisons de couture d'Union soviétique présentent leurs collections. Elle y trouve parfois des robes ou des ensembles qui lui plaisent, et les commande sur-le-champ. Lorsqu'elle se rend à l'étranger, elle prend souvent le temps d'aller chez les grands couturiers ou d'assister à des défilés de mode. En 1986, par exemple, à l'occasion d'un voyage en R.D.A., elle a fait, en dehors du programme officiel, du shopping pour elle-même et pour sa fille dans les boutiques de mode de Berlin-Est. En Occident, les organisateurs des voyages officiels des Gorbatchev connaissent depuis longtemps les goûts de Raïssa, et veillent à ce qu'elle puisse rencontrer les grands couturiers des pays où elle se rend. A ces occasions, il est fréquent qu'elle reçoive des cadeaux, mais elle les donne généralement à sa fille, car beaucoup de ces vêtements ne correspondent pas à son style, qui est plutôt classique.

L'intérêt de Raïssa pour la mode n'est bien entendu pas sans effet en Union soviétique. Encore et toujours, elle incite l'industrie du vêtement à produire davantage, à améliorer la qualité, et surtout à créer des modèles moins désuets. Mais il y a loin du rêve à la réalité ; il faudra encore de longues années avant que les femmes d'Union soviétique puissent s'habiller comme elle.

Heureusement, un ami russe m'est venu en aide : non, Raïssa n'achète pas tous ses vêtements sur catalogue. Il a promis de me faire rencontrer la femme qui conseille Raïssa dans le domaine de la mode, et qui crée nombre de ses vêtements.

Tamara Konstantinova Makijeva m'accueille par ces mots : « Je suis ravie de faire votre connaissance. J'espère que le voyage n'a pas été trop fatigant. » On ne lui donnerait vraiment pas soixante ans. C'est donc elle, la mystérieuse couturière et styliste. Pour la première fois, elle accepte de parler de sa cliente de haut rang.

Le voyage a effectivement été assez éprouvant. Au passage, j'ai pu voir de merveilleuses villes des rives de la Volga ; mais 500 kilomètres sur les routes russes, ce n'est pas rien. Me voici enfin à Schilikowa, village des environs de Kostroma, où Tamara Makijeva possède une datcha. Tous les étés, elle y passe deux mois en famille. Son mari est acteur ; il fait partie de la troupe du théâtre du Mossoviet. Elle me raconte avec fierté que le grand dramaturge russe du XIXe Alexandre Ostrovski avait une propriété tout près d'ici. Mme Makijeva travaille à la « Maison de la mode » de Moscou, près du pont Kouznetski (ou « pont des Maréchaux »). Contrairement à celles de Slava Saïzev, ses créations se caractérisent par leur conservatisme, tant pour les couleurs que pour les formes. Tamara Makijeva et Saïzev ont travaillé ensemble pendant quinze ans — et qui plus est, dans la même pièce ! Mais c'est leur seul point commun. Autant Saïzev et son équipe sont résolument modernes et audacieux, autant Mme Makijeva a des goûts classiques.

Tamara Makijeva a fait la connaissance de Raïssa Maximovna il y a huit ans. Des amis du théâtre du Mossoviet les avaient présentées. Peu après, elle dessina pour la femme de Gorbatchev un premier ensemble : un tailleur bleu foncé assez strict, comprenant une veste courte et deux jupes, une normale et une maxi-jupe, avec un corsage blanc pour les soirées habillées. Lorsque les Gorbatchev s'installèrent à Moscou, Raïssa reprit contact avec Tamara Makijeva. Depuis, Tamara est la principale conseillère de Raïssa en matière de mode. Les deux femmes s'entendent bien ; dans la majorité des cas, Raïssa se fie au jugement de Tamara. Elle va souvent la voir dans son atelier. Il est rare qu'elle y reste moins de deux heures ; Tamara et elle examinent en commun les modèles, procèdent aux essayages, et prennent le thé — ou plutôt une infusion : cassis, menthe et tilleul. Tous les ans, Mme Makijeva ramène à Moscou une bonne provision de plantes séchées.

Tamara Makijeva se prépare soigneusement à ses entrevues avec Raïssa. Elle lit les revues de mode de tous les pays, et se tient au courant de ce qui se fait à Paris, Rome ou Düsseldorf. Lorsque les deux femmes se sont mises d'accord sur plusieurs modèles, Tamara appelle une de ses collaboratrices, Galina Kopolova, qui prépare des patrons en vue d'un premier essayage. Lorsque toutes s'estiment satisfaites, quelques modèles sont retenus. Raïssa et sa couturière décident seules ; je n'ai jamais entendu dire que Mikhaïl Sergueïevitch se mêlât de ces questions. Quelques jours après, Raïssa peut s'admirer dans ses nouveaux atours.

En ce qui concerne le choix des couleurs, Raïssa se laisse souvent guider par ses émotions, me dit encore Tamara Makijeva. Elle aime beaucoup les tons vifs, surtout le rouge, mais parfois, elle se décide pour un gris. Couleurs vives ou sobres, tout doit parfaitement aller ensemble ; à cet égard, elle est très exigeante.

Mme Makijeva ne tarit pas d'éloges sur sa cliente : « C'est la première fois que l'épouse d'un Secrétaire général s'habille si bien, qu'elle montre au monde entier combien les femmes russes peuvent être belles. » Chaque fois que Tamara attend la visite de Raïssa, elle est dans tous ses états. Il faut que tout soit parfait. Elle veut se montrer digne de la confiance de la première dame du pays. Tamara est d'ailleurs consciente de sa valeur, et veut que Raïssa la fasse connaître à l'étranger. Mme Makijeva ne doit pas lire souvent la presse occidentale ; elle serait déçue de constater qu'il n'y est question que de Cardin, Dior ou Lagerfeld.

Je lui demande quels tissus elle utilise pour habiller Raïssa. La plupart sont importés, m'explique-t-elle, surtout de France et d'Angleterre, où ils sont de haute qualité. Parfois, elle se sert aussi de tissus fabriqués en Union soviétique. Elle parle de Raïssa avec une grande fierté. C'est après tout la première fois que la femme d'un haut dirigeant soviétique accorde autant d'attention à la mode. Les autres femmes du pays finiront peut-être par suivre son exemple. Certes, la plupart sont moins privilégiées que l'épouse du Secrétaire général. Mais dans l'ensemble, les femmes soviétiques devraient davantage soigner leur apparence. Cela ne demande pas nécessairement beaucoup d'argent. Souvent, un petit détail change tout...

Au fil des années, les relations des deux femmes sont devenues très cordiales. A chacune de ses visites, Raïssa Maximovna apporte des cadeaux pour les petits-enfants de Tamara Makijeva — livres illustrés, ballons de toutes les couleurs, chewing-gum, etc. Mais les vacances de Mme Makijeva sont sacrées. Pas une seule fois, Raïssa ne l'a appelée à sa datcha pendant les mois d'été.

Dans quelques jours, Tamara Makijeva va fêter son soixantième anniversaire. Elle sait que cette fois le bouquet que Raïssa Maximovna lui envoie tous les ans sera plus gros que de coutume. Elle aura aussi un beau cadeau Raïssa n'oublie jamais les anniversaires et adore faire des cadeaux à ses amis. Cela fait partie de sa nature, « comme l'amen fait partie de l'église. Vous comprenez ce que je veux dire », me dit Mme Makijeva au moment de prendre congé.

Tamara Makijeva m'a appris beaucoup de choses. Maintenant, j'aimerais savoir qui s'occupe de la coiffure et du maquillage de Raïssa Gorbatcheva. A qui doit-elle cette resplendissante chevelure châtain et ce teint de porcelaine ?

Le hasard m'a fait rencontrer Boris Gouzijev, qui a pendant de longues années, avant même que Gorbatchev ne devienne Secrétaire général, coiffé Raïssa Maximovna ; il la conseillait également dans le domaine des soins de beauté et du maquillage. Il travaillait alors au « Service de recherches de la coiffure », à Moscou. Ce service était très organisé : chaque cliente devait remplir un formulaire détaillé ; après la consultation, le spécialiste notait sur une carte les soins effectués et les conseils qu'il avait donnés. Raïssa lui avait été amenée par une amie, un professeur de philosophie, me dit Gouzijev. Par la suite, elle revint régulièrement deux à trois fois par mois, en prenant rendez-vous par téléphone.

Raïssa ne demandait d'ailleurs pas toujours conseil à Gouzijev. Souvent, elle savait exactement ce qu'elle voulait, et lui demandait simplement de le réaliser. Il n'avait pas tardé à apprendre que Mikhaïl Sergueïevitch aimait que les coiffures de sa femme soient un rien romantiques.

Ce n'est d'ailleurs un secret pour personne que les cheveux de Raïssa sont teints au henné.

En ce qui concerne le maquillage, Gouzijev a pu me dire que Raïssa demandait toujours un fond de teint discret, généralement ivoire ou à peine teinté. Contrairement à de nombreuses femmes soviétiques, qui adorent les rouges à lèvres éclatants, Raïssa s'en tient, aujourd'hui encore, au rose tendre.

Gouzijev ne travaillait pas seulement pour Raïssa. Une fois, on lui avait demandé de s'occuper des cheveux de la petite Xénia, qui ne poussaient pas à sa convenance. Une voiture emmena Gouzijev rue Tolstoï, où l'attendaient la fille et la petite-fille de Raïssa. Toutes deux furent apparemment satisfaites du résultat : après quelques coupes et séances de soins, Xénia n'eut plus à se faire de souci pour ses cheveux.

Inévitablement, Raïssa et Gouzijev en vinrent à parler d'autre chose que de coiffure et de maquillage. Mais ce n'était pas des habituels potins des salons de beauté. Ils discutaient surtout d'art et de littérature. En Gouzijev, elle avait trouvé un interlocuteur fort cultivé, comme il le prouva au cours de notre conversation. Il ne s'intéressait ni aux scandales ni aux commérages : sa passion, c'était la littérature. Comme pour m'en convaincre, il cite de mémoire quelques vers d'un poème de la grande poétesse Anna Akhmatova, écrit à Sébastopol au cours de l'hiver 1916 : « Il est des mots qui ne servent qu'une fois — aussitôt dit, ils sont dépensés. Les cieux qui vers le bleu s'élèvent jamais ne s'épuisent... » Tout en parlant, il se lève pour prendre dans sa bibliothèque un mince volume relié, et me le met dans la main : « Ce livre m'a été offert par Raïssa Maximovna, ainsi que d'autres recueils de poèmes d'Anna Akhmatova. Nous avons en effet une passion commune pour ses poèmes. »

Boris est en verve, maintenant : « Raïssa est une femme charmante, à l'esprit très ouvert, comme il convient pour une femme de sa position. Elle tient beaucoup à son apparence. Surtout, elle reste mince et est toujours bien habillée. Elle adore changer de coiffure. Elle sait exactement ce qu'elle veut : coupe classique ou mise en plis romantique... cela dépend des circonstances. »

Gouzijev se souvient encore avec effroi du jour où il a fait attendre Raïssa comme une simple cliente. Il l'avait comme d'habitude aidée à remplir le questionnaire, puis s'était occupé de ses autres modèles, et l'avait tout simplement oubliée. En voyant soudain Raïssa dans un des fauteuils, il se rendit compte de ce qu'il avait fait. Mais Raïssa ne se formalisa absolument pas. « Je comprends et respecte vos principes », dit-elle à Boris, qui se serait fait vertement réprimander par ses supérieurs s'ils avaient appris qu'il avait fait attendre l'épouse du plus jeune membre du comité central du Parti.

Depuis 1985, Raïssa Maximovna a une autre coiffeuse et maquilleuse, Tatiana, qui l'accompagne dans tous ses déplacements. Elles se connaissaient depuis deux ans .. Tatiana travaillait au même institut que Boris Gouzijev. Pour des raisons personnelles, Gouzijev cessa de coiffer Raïssa en 1985. Il travaille aujourd'hui dans un salon de coiffure privé de Moscou, le « Ginseng », où, comme il le dit lui-même, il « gagne bien sa vie ». Je n'ai pas pu interviewer Tatiana. Lors de son entrée en fonctions, elle s'est engagée par écrit à garder le silence sur ses nouvelles activités. Et elle respecte cet engagement.

Il faut dire que l'élégance de Raïssa et son intérêt pour la mode suscitent des réactions diverses au sein de la population soviétique, surtout chez les femmes. Les réponses aux sondages publiés par la presse sont souvent très subjectives. Certaines trouvent la garde-robe de Raïssa « dernier cri » et s'en inspirent. Les ateliers de couture de toutes les Tatiana et Galia du pays sont à l'écoute de Raïssa : portera-t-on cette année des tissus unis ou à pois, ou encore des imprimés à grands motifs ?

D'autres critiquent vivement Raïssa, qui « jette l'argent par les fenêtres », et donne au monde une fausse image de la femme soviétique. « Nos femmes ne sont pas ainsi », me dit Pavel, un Moscovite dont j'ai fait la connaissance. « Une femme comme ça me rendrait fou. – Une femme comment ? » lui ai-je demandé. « Eh bien, une femme comme ça. Elle se croit plus maligne que les autres et agit comme si elle avait des fortunes à dépenser. Et c'est nous qui payons ! Elle n'a qu'à s'habiller comme tout le monde, pour montrer aux Américains ce qui se passe réellement chez nous. »

11.

Raïssa, l'arme secrète de la perestroïka

Les voyages des Gorbatchev ont fait l'objet d'innombrables commentaires. Armés de caméras, de magnétophones et de stylos, les journalistes se précipitent avec une rage joyeuse sur le couple soviétique dès qu'il arrive à l'aéroport. La « Tsarine rouge », la « Vitrine de la perestroïka » fait la une des journaux partout où elle passe.

Selon son amie Lydia, Raïssa a la passion des voyages. « Dans tous les pays, elle visite les musées, elle va au théâtre et au concert. Elle adore la musique, les livres, la peinture. C'est cela qui l'intéresse par-dessus tout. Elle ne va jamais dans les magasins. Du monde entier, elle ramène des impressions sur la culture du pays et sur ses habitants... »

En ce qui concerne la culture et les impressions de voyages, Lydia dit sans doute vrai, mais certainement pas en ce qui concerne les magasins. Cela vient probablement d'une sorte de puritanisme typiquement soviétique : il est mal vu d'accorder de l'importance aux objets matériels — alors que ce sont précisément ces derniers qui manquent le plus aux citoyens soviétiques.

Naturellement, Raïssa va dans les magasins — et pourquoi pas ? En 1984, alors que Mikhaïl Sergueïevitch n'était pas encore Premier secrétaire, elle visita Londres en sa compagnie et y succomba, comme l'on dit, à l'attrait des bijoux. Elle demanda à Margaret Thatcher d'où venaient ses boucles d'oreilles. La « dame de fer » lui recommanda son bijoutier, Cartier... et lui conseilla de discuter le prix. A en croire la presse, Raïssa acheta une ravissante paire de boucles ornées de brillants, pour le prix, somme toute fort raisonnable, de 1 780 dollars.

De Londres, Raïssa ramena aussi des impressions. Tandis que Mikhaïl Sergueïevitch s'entretenait en tête à tête avec Margaret Thatcher, on faisait visiter à Raïssa les appartements du 10, Downing Street, résidence officielle du Premier ministre britannique. Elle fut vivement impressionnée par la franchise de son guide, qui lui montrait et lui expliquait tout, elle lui racontait de combien de cristaux était composé le grand lustre, comment les tableaux étaient arrivés ici, et quelle était leur histoire. Tout cela était nouveau et passionnant pour Raïssa, qui n'avait pas encore l'habitude des voyages officiels.

A partir de 1986, lorsque Mikhaïl Gorbatchev devint une personnalité internationale de premier plan, la femme du Secrétaire général fut elle aussi astreinte à des obligations de plus en plus strictes. Pour Raïssa comme pour Mikhaïl Sergueïevitch, le programme des visites d'État, organisé heure par heure, laisse peu de place à la fantaisie ou aux goûts personnels. Les visites de musées et les soirées au théâtre passent au second plan. Les réceptions, les rendez-vous avec la presse, les thés en compagnie des épouses de présidents prennent tout le temps.

Raïssa est également harcelée par les journalistes avides de scoops, qui sont à l'affût de ses moindres gestes et déclarations et la photographient sous tous les angles. J'ai remarqué que Raïssa faisait souvent un geste caractéristique : elle se passe la main dans les cheveux, en s'attardant sur la nuque, comme si elle craignait d'avoir perdu un ornement. Ce geste, qui exprime aujourd'hui l'embarras, date de l'époque où elle portait les cheveux longs, et vérifiait fréquemment si sa natte ne s'était pas défaite.

Lorsque le Secrétaire général se rend à l'étranger, le Politburo au grand complet l'accompagne à l'aéroport de Vnoukovo, réservé aux personnalités officielles. Jusqu'en 1985, Raïssa Maximovna montait discrètement dans l'avion par une autre entrée, loin des caméras de la télévision soviétique. Depuis, Mikhaïl Sergueïevitch a obtenu que sa femme monte la passerelle d'honneur à ses côtés, au vu de tous.

Pour les longs parcours, Mikhaïl Sergueïevitch utilise un Iliouchine 62 ; pour les petites distances, c'est généralement un Tupolev 134. Le service du ministère de l'Aviation civile soviétique responsable des voyages officiels dispose d'une flotte de vingt à vingt-cinq IL-62 et TU-134. Jour et nuit, deux appareils prêts au départ attendent les ordres de Gorbatchev. Les avions réservés au Secrétaire général sont aménagés de façon particulièrement confortable. Mikhaïl Sergueïevitch dispose d'une grande cabine où il peut dormir, prendre ses repas et travailler. La salle de conférences équipée d'un centre de communications et d'un « téléphone rouge » peut accueillir trente personnes, plus les sténographes. Les gardes du corps et les médecins qui accompagnent les Gorbatchev dans tous leurs déplacements ont eux aussi des cabines privées. Il y a enfin une cuisine bien équipée et une salle de repos pour le personnel. Les équipages comprennent au minimum deux pilotes et trois stewards ou hôtesses ; tous sont des professionnels de haut niveau, triés sur le volet par les services de sécurité.

Dix ou douze jours avant le départ des Gorbatchev pour un pays étranger, ils sont précédés par une première vague d'agents du K.G.B. qui préparent tous les itinéraires et revoient minutieusement le programme de la visite avec les responsables locaux. Cinq jours plus tard, ils sont suivis par les représentants de la presse et par le porte-parole du gouvernement soviétique, Guerassimov. Enfin arrivent les chauffeurs avec les Zil qui attendront Raïssa et Mikhaïl Gorbatchev à leur descente d'avion.

Le Secrétaire général est toujours accompagné d'une délégation de dix à vingt personnes. La composition de celle-ci varie en fonction du pays visité et des thèmes qui seront abordés au cours des discussions. Lors d'une visite officielle en Allemagne fédérale, le Secrétaire général était par exemple accompagné d'une spécialiste des affaires allemandes, car les pourparlers devaient notamment porter sur le problème du rapatriement des nationaux allemands vivant en U.R.S.S. Raïssa a pour escorte sa coiffeuse Tatiana, ainsi qu'une sorte d' « intendante » qui veille à ce que les souhaits personnels de la première dame soviétique soient satisfaits.

Il y a aussi, bien sûr, les agents chargés de veiller sur la sécurité du Premier secrétaire et de sa compagne. Comme son mari, Raïssa Maximovna est toujours flanquée d'un garde du corps. Cinq mètres derrière suivent sept ou huit hommes du K.G.B. A l'étranger, Raïssa et Mikhaïl Sergueïevitch ne font bien entendu pas un pas qui n'ait été approuvé au préalable par les officiers du K.G.B. et les services de sécurité du pays hôte. Ces hommes sont mis à rude épreuve lorsque Raïssa et Mikhaïl Sergueïevitch décident spontanément de descendre de voiture pour échanger quelques mots avec la population. Qui sait ce que cachent un sourire amical ou une main tendue...

Depuis cinq ans que Mikhaïl Sergueïevitch est Secrétaire général, il a visité en compagnie de sa femme plus de trente pays. Cette soif de voyages fait l'objet de nombreux commentaires en Union soviétique. D'aucuns vont jusqu'à dire, en ne plaisantant qu'à moitié, que le Premier secrétaire se fait léger lorsque le pays devient trop lourd pour lui — entendez, qu'il s'envole dès que les problèmes intérieurs s'accumulent. Une autre histoire court à Moscou : pendant leur visite d'État en France, Mikhaïl et Raïssa sont allongés côte à côte dans le lit d'apparat. Mikhaïl demande à Raïssa : « Te serais-tu jamais imaginé qu'un jour tu dormirais avec le Secrétaire général ? » En guise de réponse, Raïssa lui renvoie sa question : « Te serais-tu jamais imaginé qu'un jour tu dormirais avec la femme du Secrétaire général ? » Il ne fait pas de doute que Raïssa est très consciente de sa valeur.

Raïssa montre au monde une nouvelle image de la femme soviétique. C'est une question de mode et d'élégance, certes, de maquillage et de « styling », mais tout autant d'intelligence et de culture. Cela lui donne une assurance qui ne manque pas de frapper tous ceux qui la rencontrent. S'ils ne sont pas conquis, ils sont à tout le moins impressionnés. Même les femmes soviétiques se sentent flattées, alors qu'elles travaillent aussi dur que les hommes, et doivent de surcroît se débrouiller pour que la famille ait à manger. A l'étranger, Raïssa s'adresse à toutes les femmes de la planète, et en premier lieu à celles qui ont vécu la guerre, sans pouvoir fonder une famille, car les hommes étaient absents — ou morts. En les prenant pour exemple, elle affirme que c'est avant tout aux femmes de préserver et, comme elle le dit, de « promouvoir » la paix. Elle est souvent en butte aux attaques des émigrantes russes, en particulier aux États-Unis. Ces femmes ne connaissent que trop bien le passé de leur pays, et savent parfaitement quelle est la condition de la femme soviétique d'aujourd'hui. « Elle est de ceux qui prennent leurs rêves pour des réalités », disent-elles de Raïssa.

Raïssa ne se laisse pas troubler pour autant. Elle fait volontiers étalage de ses connaissances littéraires. En Islande, elle commente l'œuvre de Halldor Laxness; en Grande-Bretagne et aux États-Unis, la presse est informée de ses opinions sur Charles Dickens ou J. D. Salinger. En visitant en France une exposition consacrée aux œuvres des maîtres de l'impressionnisme, elle fait de longs exposés sur Monet, Renoir et Van Gogh et sur leur importance dans l'histoire de l'art. Devant les toiles de Picasso, elle donne libre cours à son enthousiasme et explique que le peuple soviétique a fait sienne la fameuse colombe de la paix du maître.

Non, Raïssa ne cache pas sa culture. En visitant la Maison-Blanche, elle finit par excéder Nancy Reagan par ses incessantes questions sur le bâtiment et les souvenirs historiques qui y sont conservés. En désespoir de cause, Nancy Reagan avait fait venir un conservateur, plus à même de satisfaire l'insatiable curiosité de la *First Lady* de l'Est.

Dans son autobiographie, *A mon tour*, Nancy ne cache pas son antipathie : « A Genève, lorsque Raïssa Gorbatcheva est venue prendre le thé la première fois, elle m'a fait l'impression d'une femme qui n'aime pas qu'on lui tienne tête et qui a l'habitude de se faire servir. Pour citer un exemple, quand un fauteuil ne lui plaisait pas, elle claquait des doigts pour attirer l'attention des hommes du K.G.B., qui lui apportaient aussitôt un autre siège. Au bout de quelques minutes, décidant apparemment que ce nouveau fauteuil ne lui plaisait pas davantage, elle faisait de nouveau claquer ses doigts, et le même manège se répétait. Je n'en revenais pas. Au cours de ma vie j'ai rencontré des ladies, des princesses et des reines, mais je n'avais jamais rien vu de tel. »

De son côté, Raïssa n'a pas ménagé Nancy — notamment lors du sommet de Reykjavik. Selon Nancy, ce devait être une réunion « entre hommes » : elle n'avait donc pas accompagné Ronald Reagan. Raïssa, elle, était là. A la télévision, Nancy la vit se comporter en vedette. Interrogée sur l'absence de Nancy Reagan, elle déclara en mimant l'incompréhension et la pitié : « Elle est peut-être souffrante, ou bien elle avait autre chose à faire... » Devant une telle audace, Nancy Reagan écumait de rage ; décidément, sa rivale n'était pas « fair-play ».

Depuis, le chapitre « Reagan » est refermé. Les relations de Raïssa avec Barbara Bush ne peuvent qu'être meilleures que celles qu'elle entretenait avec Nancy Reagan. Dès le sommet de Malte, en décembre 1989, il y eut pourtant une dissonance. De nouveau, la *First Lady* américaine était restée chez elle, et de nouveau Raïssa avait accompagné son mari. Au début, elle resta sagement à l'arrière-plan, mais cela ne dura guère. Ce fut elle qui déclara aux journalistes qui s'impatientaient : « Le président n'est pas là, *sorry.* » Elle voulait parler du président Bush, qui n'avait pu gagner le navire soviétique car la mer était trop forte. Selon des sources diplomatiques soviétiques, Raïssa aurait suivi d'une cabine voisine tous les pourparlers entre son mari et George Bush, afin de faire part à Mikhaïl Gorbatchev de ses impressions en vue des entretiens suivants.

Lors de la réception pontificale de décembre 1989, Raïssa se distingua de nouveau. Contrairement à Nancy Reagan et à Lady Di, elle arriva sans voile noir, et de plus vêtue d'un tailleur d'un rouge éclatant. Le message était clair : voici la *First Lady* communiste ! Raïssa n'est pas croyante. Pour citer Mikhaïl Gorbatchev : « Elle est la plus athée de nous deux. Elle n'en parle pas moins du pape avec un grand respect, et reconnaît que, contrairement à son attente, elle a été fortement impressionnée par son rayonnement. »

En Union soviétique, un nombre croissant de gens reproche à Raïssa sa froideur et son apparente indifférence. Tandis que Mikhaïl doit faire face à des problèmes brûlants — ne serait-ce que la Lituanie et les autres revendications nationalistes — Raïssa se tient à ses côtés, impassible dans son manteau de vison ou de zibeline. Et, pendant qu'il s'efforce d'apaiser les ouvriers, elle sourit paisiblement, en glissant de temps à autre un mot à ses voisines. Lui est-elle encore utile lorsqu'elle agit ainsi ? Ne renforce-t-elle pas l'agressivité d'une partie des Soviétiques ?

En automne 1989, elle visita la Finlande. Au programme figurait, comme si souvent, la visite d'une école, qui fut retransmise par la télévision soviétique. On l'entendit demander à des enfants qui apprenaient le russe depuis seulement deux mois ce qu'ils savaient dire dans cette langue. Les femmes soviétiques étaient outrées. Pour citer un commentaire authentique : « Ce sont des enfants, pas des robots. »

Lorsque Raïssa, alors inconnue, fit sa première visite officielle à l'étranger — c'était en 1985, pour le sommet de Genève — elle était au centre de l'attention. Il n'y en avait que pour elle, au point que son mari paraissait relégué au second plan. Par la suite, lorsque Mikhaïl Gorbatchev devint le centre de la politique internationale, l'intérêt de l'opinion occidentale pour Raïssa Maximovna ne faiblit pas. La presse soviétique, qui n'avait encore jamais daigné s'apercevoir de l'existence de l'épouse d'un Secrétaire général, décida de « vendre » le couple Gorbatchev sous l'étiquette M.I.R., « paix » : M pour Mikhaïl, I pour et, R pour Raïssa. Dans les pays de l'Est, par exemple en Tchécoslovaquie ou en R.D.A., Raïssa cesse d'ailleurs d'être la *First Lady,* pour redevenir la simple femme du Secrétaire général : sur les photos, on la voit marcher sagement un pas derrière Mikhaïl Gorbatchev.

Lors de la rencontre au sommet de décembre 1987 à Washington, j'ai enfin pu rencontrer Raïssa Maximovna. J'avais, ainsi que quelques rares journalistes, eu la chance d'obtenir une chambre à l'hôtel Madison, où était descendue la délégation soviétique, y compris le ministre des Affaires étrangères et Mme Chevardnadze. L'hôtel, situé juste derrière l'ambassade d'U.R.S.S., où séjournaient les Gorbatchev, était surveillé de près par la C.I.A.

J'avais également pu être invitée à une réception donnée par Raïssa Gorbatcheva aux femmes russes exilées aux États-Unis. Je venais tout juste d'entrer à l'ambassade, lorsque les forces de sécurité dégagèrent le centre du salon. Par chance, je me retrouvai tout près de la porte par laquelle Raïssa Maximovna devait arriver. Je ne me tenais plus d'impatience. Enfin, je la vis apparaître, dans sa robe rouge (une création de Makijeva) qu'elle aime tant. A l'époque, j'étais enceinte ; elle me sourit en fixant sans complexe mon ventre. Elle me demanda à quel mois j'en étais. C'était une entrée en matière toute trouvée. Nous avons ensuite parlé de Pouchkine, de l'amour de Raïssa pour la nature, et de la situation des journalistes en Union soviétique ; j'exprimai l'espoir que la perestroïka leur rendrait la vie plus facile. Je lui fis cadeau d'un badge portant l'inscription « *I like Gorby* », mais elle refusa de se laisser photographier avec. Pour finir, elle me souhaita bonne chance dans mon travail et prit congé avec une chaleureuse poignée de main. Notre brève conversation avait été très agréable, et la cordialité de Raïssa m'avait fait plaisir.

Je revis Raïssa lorsqu'elle visita Cuba en avril 1989. A sa descente d'avion, elle était en tailleur bleu clair — encore une création de Makijeva, qu'elle avait déjà portée lors de sa visite officielle en Inde. Je remarquai qu'elle n'avait pas de bas, ce qui n'était guère conforme au protocole. Mais il faisait très chaud à La Havane ce 2 avril, près de trente degrés... alors qu'au départ de Moscou il y avait une tempête de neige.

Tandis que les hôtes officiels gagnaient leur résidence, entourés d'une foule joyeuse et bruyante qui agitait de petits drapeaux, l'on déchargea l'appareil de l'Aeroflot. Pour sa visite à Cuba, Raïssa avait amené un grand carton à chapeaux blanc, neuf sacs de voyage en plastique vert et cinq valises de cuir. Les Gorbatchev étaient logés au « Lajito », propriété appartenant jadis à un producteur de cinéma, qui avait été réquisitionnée par le gouvernement cubain. Pour l'occasion, de nouveaux lits « king-size » avaient été spécialement fabriqués au Costa Rica.

La pièce de résistance du « programme des dames » était une visite de la maison de Hemingway, transformée en musée. Lorsqu'un de ses accompagnateurs lui demanda si elle avait lu Hemingway, elle se montra fort étonnée : qu'il se montre, celui qui n'avait pas lu Hemingway ! Un journaliste américain lui demanda à plusieurs reprises si elle approuvait l'attitude de Hemingway à l'égard de la femme, qui devait se cantonner dans le rôle d'épouse ou de maîtresse. Elle ignora d'abord la question, puis finit par se tourner vers lui pour lui dire assez sèchement : « Certaines questions sont si stupides qu'elles ne méritent pas une réponse. » Raïssa voulait aussi, dit-on, voir le célèbre Bar Mochito, où Hemingway dînait régulièrement, et qui sert toujours la boisson favorite du grand romancier, baptisée

« Cocktail Hemingway ». Pour des raisons de sécurité, ce souhait n'aurait pu être exaucé. Le soir venu, Raïssa se serait fait servir le fameux cocktail au Lajito, bien qu'elle soit une ennemie déclarée de l'alcool.

A Cuba, Raïssa visita également une crèche du ministère de l'Intérieur, qui hébergeait des petites filles âgées de six semaines à six ans. Raïssa fut accueillie par un groupe de jeunes éclaireuses qui lui souhaitèrent la bienvenue, récitèrent quelques courts poèmes, et la remercièrent de sa venue. Dans sa réponse, Raïssa salua le peuple cubain au nom du peuple russe et en celui de Mikhaïl Sergueïevitch. Elle serra d'innombrables petites mains et remercia ses hôtes pour leur accueil. Ensuite, les fillettes présentèrent une petite danse et lui offrirent une rose rouge. Pour finir, Raïssa distribua des petites poupées russes, des « tchebourachkas ». Toutes les salles de la crèche étaient joliment décorées, et les jeunes pensionnaires portaient leurs robes du dimanche. Cela paraissait idyllique — j'entendis pourtant ce commentaire d'un journaliste cubain : « Je ne vous conseille pas de revenir demain... Qu'est-ce que vous vous imaginez ? Dès que vous aurez le dos tourné, ces pauvres gosses crèveront de nouveau dans leur saleté. »

Comme toujours, Raïssa s'acquitta de cette visite avec patience, indulgence et amour. Elle alla même voir les plus petites dans leur dortoir, en demandant, délicate attention, aux journalistes de rester dehors pour ne pas les réveiller.

Le dernier jour de la visite officielle, de nombreux représentants de la presse internationale attendirent en vain devant le musée des Beaux-Arts, dont la visite était prévue au programme. Raïssa avait préféré voir le musée de la Révolution, sans journalistes. C'était typique de Raïssa ; souvent, elle bouleverse le programme, décidant de faire autre chose, annulant des rendez-vous, ou déclarant sans détour : « Cela suffit, je suis fatiguée. » Lors de la visite des Gorbatchev en Allemagne fédérale, le programme de Raïssa Maximovna donna beaucoup de fil à retordre aux organisateurs, compte tenu, comme le fit remarquer un diplomate, des conceptions très personnelles de celle-ci. Pour ne citer qu'un exemple, il était prévu qu'elle assiste à un défilé de mode à Düsseldorf, mais, comme son intérêt pour la mode est souvent critiqué dans son pays, elle le fit supprimer du programme.

Du 5 au 7 octobre 1989, je pus une dernière fois observer Raïssa à l'occasion de sa visite à Berlin-Est. Elle était logée au château de Niederschönhausen, dans le quartier de Pankow. Vers la fin de son séjour, elle alla visiter le planétarium Zeiss. Contrairement à ses précédentes visites en R.D.A., aucune foule en liesse ne s'était massée sur le parcours. Seuls de rares curieux attendaient ; tous les deux mètres était posté un policier en civil. Tant pis pour les fans. La presse n'avait rien annoncé. Enfin, une colonne de limousines noires apparaît. Une Zil, la N° 12, s'arrête devant l'entrée. Raïssa en descend, souriante comme toujours. Elle est accueillie par le directeur du planétarium.

Erwin, qui est mécanicien de précision au Combinat du 7 Octobre, me raconte qu'il a une immense admiration pour Raïssa. Il tient à la main trois roses déjà un peu flétries. Sa femme est russe, elle ressemble beaucoup à Raïssa. Il espère que les Gorbatchev apporteront la glasnost et la perestroïka à la République démocratique allemande.

Une maman tient dans ses bras sa petite fille de dix mois, Sandra. Elle réussit à franchir le cordon de policiers. La petite Sandra tend les bras à Raïssa. « Tu veux venir dans les bras de tantine ? » lui demande celle-ci. La petite fille s'accroche à son sac en croco. Raïssa est ravie de jouer à la grand-mère. « Viens, mon petit diplomate, viens. Tu veux voir ce que t'a apporté ta tante de Moscou ? » Elle ouvre le sac et en sort une boîte enveloppée dans du papier à fleurs : des chocolats. La petite est toute contente. Raïssa parle de sa petite-fille Anastasia, qui veut elle aussi toucher à tout, et confie son précieux sac au directeur. Elle ne remarque pas que, pendant qu'elle joue avec l'enfant et parle avec sa mère, un homme du K.G.B. a pris le sac — un secret d'État ? — des mains du directeur. La fillette ne veut plus lâcher Raïssa. « Je vois que notre petit diplomate est insatiable, dit Raïssa. Et si on regardait de nouveau dans le sac ? Il y a peut-être un jouet ? » Elle demande au directeur de le lui rendre, mais il lui fait comprendre en souriant qu'il ne l'a plus. Le chef de la sécurité donne un petit coup de coude à Raïssa, et le sac est oublié ; il faudra trouver un autre jeu.

Raïssa adresse ensuite quelques mots à l'assistance : elle se réjouit que son mari soit aussi aimé en R.D.A., et pense que la perestroïka et la glasnost ne tarderont pas à prendre pied en République démocratique ; la liberté de voyager est certainement pour bientôt. Seul le mécanicien Erwin est triste, car les policiers est-allemands ne l'ont pas laissé approcher de son idole. Perestroïka et glasnost aidant, il espère que la prochaine fois cela marchera.

D'un voyage officiel à l'autre, il est évident que Raïssa Maximovna a beaucoup évolué. Son anglais s'est perfectionné — elle comprend maintenant tout ce qu'on luit dit —, elle a appris à se servir de la presse, et sait utiliser son sourire à bon escient. Son image médiatique s'est nettement améliorée. Je suis pourtant convaincue que Raïssa ne se laissera jamais enfermer dans un rôle. Elle restera toujours elle-même, et nous réserve certainement, ainsi que Mikhaïl Sergueïevitch, de nouvelles surprises. Les Soviétiques auraient toutes les raisons d'être fiers de cette « vitrine de la perestroïka » qu'est Raïssa.

Le monde a vu la fonctionnaire soviétique et le professeur de philosophie se transformer en une femme qui sait tenir sa place sur la scène internationale. A sa façon, avec ses moyens à elle, elle a su conquérir une large fraction de l'opinion mondiale. Elle sourit et elle se renfrogne, elle bavarde gaiement ou prend un ton professoral, elle fait du charme et sort ses griffes, elle prie avec les mains, elle connaît les mots et les gestes qui touchent. Elle sait agir avec les médias, et tolère leur cruauté. Raïssa entrera dans l'Histoire comme la femme du Secrétaire général qui voulait apporter la paix au monde.

Table des matières

Achevé d'imprimer en septembre 1990
sur presse CAMERON
dans les ateliers de la S.E.P.C.
à Saint-Amand-Montrond (Cher)
pour le compte des éditions Robert Laffont

Dépôt légal : septembre 1990.
N° d'édition : 32987. N° d'impression : 2197.